Alfred Andersch

Sansibar oder der letzte Grund

Interpretiert von
Friedhelm Klöhr

STARK

Bildnachweis
Umschlagbild: Panther Media / Michael Dietrich
S. 5: © ullstein bild – Keystone
S. 10: © Süddeutsche Zeitung Photo/imagebroker
S. 13: © imago/Reinhard Balzerek
S. 28: © Cinetext Bildarchiv
S. 34: http://commons.wikimedia.org/wiki/File:Rerik_I.JPG?uselang=de; Foto : Christian Pagenkop
Diese Datei ist unter der Creative Commons-Lizenz Namensnennung-Weitergabe unter gleichen Bedingungen 3.0 Unported lizenziert.
S. 39: © Süddeutsche Zeitung Photo/Scherl
S. 47, 101: Fotografin: Iris Bramsemann
S. 51: © imago/Jens Koehler
S. 64: © Süddeutsche Zeitung Photo/Tele Bunk
S. 73: © ullstein bild
S. 76: © bpk
S. 83, 89: © Ernst Barlach Lizenzverwaltung Ratzeburg
S. 91: © ullstein bild – Steffens
S. 96: © imago/ecomedia/robert fishman
S. 105: © Kinowelt/Cinetext

ISBN 978-3-86668-345-7

Inhalt

Autor: Friedhelm Klöhr

Vorwort

Liebe Schülerin, lieber Schüler,

diese Interpretationshilfe zu Alfred Anderschs Roman *Sansibar oder der letzte Grund* (1957) ermöglicht Ihnen eine umfassende Vorbereitung auf die Unterrichtslektüre sowie auf Klassenarbeiten bzw. Klausuren.

Zunächst werden kurz die **biografischen Hintergründe** sowie die **Entstehungsgeschichte** des Textes beleuchtet. Die sich anschließende **Inhaltsangabe** bündelt alle wichtigen Ereignisse und Zusammenhänge und hilft Ihnen, sich schnell im Geschehen zurechtzufinden bzw. Ihre eigenen Leseeindrücke zu überprüfen und aufzufrischen. Ausführliche Darstellungen zur Charakteristik der Hauptfiguren, zur Textstruktur, literarischen Form, Sprache und Erzähltechnik sowie zu zentralen Aspekten des Romans vereint das Kapitel **Textanalyse und Interpretation**. Darin werden abschließend zwei Schlüsselstellen beispielhaft interpretiert. Abschließend erhalten Sie einen kurzen Überblick über die **Wirkungsgeschichte** des Romans und **Literaturhinweise**, die zur weiteren Beschäftigung mit dem Text einladen.

Ich wünsche Ihnen viel Freude bei der Auseinandersetzung mit Alfred Anderschs Roman und hoffe, Ihnen mit der vorliegenden Interpretationshilfe zahlreiche Türen aufzuschließen, die sich nicht ohne Weiteres von alleine geöffnet hätten.

Friedhelm Klöhr

Einführung

Es gelingt Alfred Andersch **1957**, an den großen Erfolg seines autobiografischen Berichts *Die Kirschen der Freiheit* (1952) anzuknüpfen, als er mit *Sansibar oder der letzte Grund* seinen **ersten Roman** vorlegt. In den Folgejahren kann er sich als weithin geschätzter Schriftsteller in der jungen Bundesrepublik etablieren. Der Roman erscheint in einer für Gesamtdeutschland politisch überaus bewegten Zeit.

Der Schauplatz Rerik aus Anderschs Roman liegt im ostdeutschen Teil des Landes, in der Deutschen Demokratischen Republik (DDR), die wenig demokratisch von einem Einparteiensystem regiert wird. Die herrschende Sozialistische Einheitspartei (SED) stellt in Wirklichkeit die alte kommunistische KPD dar, in die die übrigen linken Kräfte, vornehmlich die SPD, zwangsintegriert sind. Brisant ist, dass Anderschs Buch davon handelt, wie ein junger Funktionär ausgerechnet von eben dieser kommunistischen Partei abfällt. Zündstoff verspricht zudem, dass der Roman ein klares **Plädoyer** ist **gegen Versuche der Politik, Menschen ideologisch zu vereinnahmen**. Denn genau das passiert zu der Zeit, in der das Buch erscheint, in Ost wie West mit unterschiedlicher Intensität.

Auch mit der Frage nach den Folgen solcher Ideologisierung für das soziale Miteinander und die verbleibenden Handlungsspielräume des Einzelnen berührt Anderschs Roman eine 1957 zutiefst aktuelle Thematik. Das Buch spielt exakt zwanzig Jahre zuvor, im Jahr 1937. Diejenigen, die diese Zeit erlebt haben, sind so froh, die Schrecken des Krieges und des Naziterrors überstanden zu haben, dass das allgemeine Lebensgefühl von der Überzeugung getragen ist, nach 1945 noch einmal ganz von vorn angefangen zu haben. Die eigenen unrühmlichen Verstrickungen in das Nazi-Regime, und sei es nur, dass man sich arrangiert hat, haben viele gerne vergessen. So mancher, der 1957 den moralischen Finger erhoben hat, hat dies – wie Alfred Andersch selbst – verlogen getan. Möglich ist das nur gewesen, weil über die Vergangenheit geschwiegen und viel zu wenig aufgearbeitet wurde.

Auch deshalb ist *Sansibar oder der letzte Grund* ein wichtiges Buch: Weil es uns ermöglicht, den Schriftsteller Andersch an den in seinem literarischen Werk vorgebrachten **ethischen Maßstäben** zu messen – nicht mit Häme, sondern selbstkritisch als Mahnung an uns alle. Immerhin haben nach der Wiedervereinigung 1989 auch viele großzügig ihre vierzig Jahre Vergangenheit unter der SED-Diktatur hinter sich gelassen – ebenfalls ein aktuell noch nicht vollständig aufgearbeiteter Themenkomplex. In *Sansibar oder der letzte Grund* geht es auch um diese **Frage nach der Aufarbeitung des Vergangenen**, hier durchgespielt an der Rolle „der Partei" (KPD), die im Zuge des massiven Staatsterrors „der Anderen" (NSDAP) ins Hintertreffen gerät und sich ihrer Ideale beraubt sieht.

Die Gegenwart des Figurenpersonals im Roman ist bestimmt von den **Repressionen eines anonymen Staates**, der die Menschen durch perfide Mittel der Bedrohung einander immer mehr entfremdet. Misstrauen und Argwohn haben die Anderen unter den Bürgern Reriks gesät, Vertrauen und Solidarität unterhöhlt. Die Reriker sind dabei zu verlernen, dass man auch offen miteinander sprechen und umgehen kann. Sie erhalten Kontakte nur noch mit den Floskeln unverfänglicher Alltagsgespräche aufrecht. In dieser verfahrenen Situation aus zunehmender Kontaktarmut und kommunikativen Störungen, in diesem Zurückgeworfen-Sein des Einzelnen auf sich selbst keimt ein Körnchen Hoffnung auf: Aus der Rückbesinnung einer Handvoll Menschen darauf, dass sich niemand vor seiner Entscheidungsfreiheit drücken kann, erwächst das Gefühl der unveräußerlichen **Verantwortung des Einzelnen für sich selbst**.

Das Buch bietet somit deutlich mehr als ‚nur' historischen bzw. zeitpolitischen Zündstoff. Der Roman stellt sich den zentralen Fragen danach, wie wir leben wollen und was wir tun müssen, um unserem Streben einen Sinn zu geben. Die Rezepte des Buchs, die, abgesehen vom Ende der tragischen Figur Helanders, ein erfülltes Leben verheißen, sind denkbar schlicht. Sie lauten **Uneigennützigkeit, Solidarität, Engagement im Politischen, Sozialen wie im Privaten**. Glück, das erfahren die Romanfiguren, entsteht nicht durch Willensakte, sondern ist die Folge eines teilweisen Abrückens vom Egoismus. Lebenssinn, das lernt Knudsen und das lebt Gregor vor, entsteht nicht, indem wir die Dinge, die sich um uns herum ereignen, nur hinnehmen, sondern indem wir ihnen durch unsere eigenen Taten einen Sinn geben. Wir sollten wie Knudsen, der Junge oder Gregor das Leben bejahen und angesichts von Rückschlägen durchhalten lernen. Es gilt, wie die drei Verantwortung zu übernehmen, aber auch das Leben zu genießen. Und wir sollten nicht vergessen, zu lieben – etwas, das Gregor am Ende des Romans gerade wieder zu begreifen beginnt.

Neben der **historischen Brisanz der Thematik** ist es vor allem diese **ethische Komponente**, die den Roman *Sansibar oder der letzte Grund* aktuell und zeitlos macht.

Biografischer Hintergrund

1 Alfred Andersch: Leben und Werk

Alfred Andersch um 1960

Alfred Andersch wird am 4. 2. 1914 in **München** in ein bürgerlich-konservatives Elternhaus geboren. Er ist der mittlere von drei Söhnen. Die Mutter Hedwig (1884–1976) stammt aus Böhmen, Vater Alfred (1875–1929) aus Ostpreußen. Der Vater ist **deutsch-national** eingestellt und tritt bereits 1920 der NSDAP bei. Als ehemaliger Offizier im Ersten Weltkrieg ist Anderschs Vater ein Bewunderer Erich Ludendorffs, der 1923 gemeinsam mit Adolf Hitler erfolglos versucht, gegen die Reichsregierung zu putschen. Andersch wächst in politisch instabilen Jahren auf. Seine **Schulkarriere** verläuft wenig rühmlich. Das Wittelsbacher-Gymnasium muss er 1928 nach der achten Klasse wegen unzureichender Leistungen verlassen. Der damalige Schulleiter ist Joseph Gebhard Himmler, der Vater des späteren SS-Chefs Heinrich Himmler. Zwischen 1928 und 1930 erlernt Andersch den Beruf des **Buchhändlers**. In diese Zeit fällt der Tod seines Vaters, der 1929 den Spätfolgen einer Kriegsverletzung erliegt.

Dass Alfred Andersch kurz darauf (1930) in die **KPD** eintritt, belegt, dass ihn die rechtsradikalen Ansichten des Vaters derart abgestoßen haben, dass er selbst sich auf ein **linksradikales Weltbild** einlässt. Zwischen 1931 und 1933 ist Andersch arbeitslos. Er engagiert sich zunehmend politisch und wird Organisationsleiter des kommunistischen Jugendverbandes von Südbayern. 1933 nutzen die nationalsozialistischen Machthaber den Berliner Reichstagsbrand als Vorwand, um im gesamten Reich die politische Opposition zu verfolgen. Als Jugendfunktionär der KPD wird auch Alfred Andersch 1933 für drei Monate **im Konzentrationslager Dachau interniert**. Bei seiner zweiten Verhaftung im selben Jahr entgeht er knapp einer erneuten Lagerhaft. Nach seiner Freilassung gibt er aus Angst vor Verfolgung seine aktive politische Betätigung auf und **distanziert sich** zunehmend **von seiner Partei**, vor allem aus Betroffenheit über die Resignation und Ohnmacht der Kommunisten gegenüber den Machenschaften der NSDAP.

Andersch findet alsbald eine Anstellung bei der Münchner Verlagsbuchhandlung Lehmann. 1935 heiratet er **Angelika Albert**, die Tochter eines wohlhabenden Münchner Fabrikanten. Das junge Paar zieht 1937 nach **Hamburg**. Dort ist Alfred Andersch in den Leonar-Werken, die sein Schwager leitet, als Werbegrafiker tätig. Im selben Jahr kommt **Tochter Susanne** zur Welt. Andersch beginnt, intensiv zu schreiben.

1940 wird er zum **Kriegsdienst** eingezogen und in Frankreich stationiert. Eine Trennung von seiner Frau Angelika bahnt sich an. Im Herbst desselben Jahres lernt er auf einem Fronturlaub in Köln seine spätere zweite Frau, die Malerin **Gisela Groneuer**, kennen. 1941 wird Alfred Andersch aus der Wehrmacht entlassen. Grund dafür mag seine politische Vergangenheit gewesen sein sowie seine Ehe mit einer Halbjüdin. Er nimmt eine Stelle im Büro der Kosmetikfirma Mouson & Co. in Frankfurt am Main an. 1941 bringt Gisela Groneuer den gemeinsamen **Sohn Michael** zur Welt. Anderschs erste Ehe wird 1943 geschieden.

Im September 1943 wird Andersch erneut eingezogen. Nach kurzem Kriegseinsatz verlegt man seine Einheit nach Italien. 1944 erscheint mit *Erste Ausfahrt* eine der **ersten Veröffentlichungen** des jungen Schriftstellers in der Kölnischen Zeitung. In Italien **desertiert** Andersch am 6. 6. 1944 und lässt sich von den Amerikanern gefangen nehmen. Von 1944 bis 1945 lebt er als **Kriegsgefangener** in Louisiana und auf Rhode Island. Er publiziert als Redakteur in der Lagerzeitung *Der Ruf – Blätter für deutsche Kriegsgefangene*. 1945 kehrt Andersch nach Deutschland zurück. Im selben Jahr bringt Gisela Groneuer Anderschs zweiten **Sohn Martin** zur Welt.

Andersch arbeitet von 1946 bis 1947 als Assistent von Erich Kästner bei der *Neuen Zeitung* in München. Kurz darauf gründet er mit Hans Werner Richter die **Zeitschrift** *Der Ruf – unabhängige Blätter der jungen Generation*, die sie auch gemeinsam herausgeben. Andersch und Richter sind in Bezug auf die Inhalte ihrer Zeitschrift nicht bereit, die weltanschaulichen Positionen der amerikanischen Besatzungsmacht in allen Fragen zu übernehmen. Stattdessen stehen sie für eine deutlich **linke Position** ein, die zwischen Ost und West zu vermitteln sucht. Dies kritisiert die Zensurbehörde der Amerikaner und entzieht dem *Ruf* die Veröffentlichungsgenehmigung. Andersch und Richter planen zunächst die Gründung einer neuen Zeitschrift, die sich stärker auf literarische Inhalte konzentrieren soll. Weil aber die Genehmigung vorerst ausbleibt, organisiert Richter **1947** ein **Treffen von Schriftstellern und Literaturkritikern**. Es gilt als erstes Treffen Gleichgesinnter, die sich den Namen *Gruppe 47* geben. Während die *Gruppe 47* vornehmlich von Richter geführt wird, verlegt sich Andersch, der 1950 Gisela Groneuer heiratet, neben seiner schriftstellerischen Tätigkeit stärker auf seine Arbeit als **Journalist und Herausgeber**. Zunächst leitet er für den Hessischen Rundfunk das *Abendstudio* (1948–1950) sowie die Feature-Redaktion (1951–1953), dann die Sendung *radio-*

essay (1955–1958) des Süddeutschen Rundfunks. Die deutsche Nachwuchsliteratur fördert er darüber hinaus als Herausgeber der Buchreihe *studio frankfurt* (1952–1954) und der Zeitschrift *Texte und Zeichen* (1955–1957).

In diese Schaffensperiode fällt auch die Veröffentlichung der beiden **Bücher**, die ihn berühmt werden lassen: 1952 erscheint der autobiografische Bericht *Die Kirschen der Freiheit*, 1957 *Sansibar oder der letzte Grund*. Wie schon seine Autobiografie wird auch der *Sansibar*-Roman bereits kurz nach seinem Erscheinen in den Feuilletons des deutschsprachigen Raums vielschichtig diskutiert und dabei durchweg positiv bewertet.

Auf dem **Höhepunkt seines Ruhms** angelangt, konzentriert sich Alfred Andersch fortan auf sein **literarisches Schaffen**. Er gibt seine sonstigen Tätigkeiten für den Rundfunk und das Verlagswesen auf und übersiedelt 1958 ins Schweizer Tessin. Er lässt sich in **Berzona** nieder, einem kleinen Ort im abgelegenen Tal von Onsernone. Dort bzw. von dort aus widmet er sich seinen beiden Leidenschaften, dem Schreiben wie dem Reisen. Seine **Romane** *Die Rote* (1960) sowie *Efraim* (1967) finden ein durchaus breites Lesepublikum, weil Andersch in ihnen die zeitpolitisch brisante Frage aufgreift, welche **Spuren des Faschismus** sich in der Gesellschaft der Nachkriegszeit noch ausmachen lassen. Auch wenn die literarisch interessierte Öffentlichkeit an Anderschs übrigem Schreiben während der letzten zwanzig Lebensjahre weniger intensiv Anteil nimmt, so entsteht doch ein erstaunlich **vielseitiges Gesamtwerk** aus Essays, Gedichten, Hörspielen, Reiseberichten, Erzählungen und Romanen. Hervorzuheben sind daraus insbesondere der ambitionierteste und von seiner komplexen literarischen Gestaltung her wichtigste Roman *Winterspelt* (1974), die Erzählsammlung *Mein Verschwinden in Providence* (1971) sowie die posthum erschienene autobiografische Schulgeschichte *Der Vater eines Mörders* (1980), die von einer Griechischstunde beim Vater Heinrich Himmlers handelt.

Die letzten Lebensjahre des Autors sind überschattet von einem Nierenleiden, dem er nach einer Nierentransplantation sowie einigen Jahren der Dialyse am 21. 2. 1980 schließlich erliegt.

2 Entstehung des Romans, autobiografische Bezüge

Den Entschluss, den *Sansibar*-Roman zu schreiben, trifft Andersch bereits 1953 während eines Urlaubs auf den Äolischen Inseln nördlich von Sizilien. Bis zur Fertigstellung des Manuskripts 1956 trägt der Roman noch den **Konzepttitel „Graues Licht"**. In der Überarbeitung des Typoskripts zwischen 1956 und 1957 in Kooperation mit dem Walter Verlag in Olten nimmt Andersch noch einmal behutsame Korrekturen an der Figur des Jungen vor und der Roman erhält schließlich seinen endgültigen Titel.

Gleicht man *Sansibar oder der letzte Grund* mit der Lebensgeschichte Alfred Anderschs ab, erkennt man, dass der Autor nach seinem autobiografischen Bericht *Die Kirschen der Freiheit* auch in seinem ersten Roman auf **Episoden aus seiner Vita** verweist. Prekär wird das allerdings dadurch, dass einige der Details aus seiner Vergangenheit, auf die Andersch im Text abhebt, sich in Wirklichkeit als deutlich weniger rühmlich und deshalb „als ein Stück umgeschriebene Lebensgeschichte"[1] erweisen.

Pfarrer **Helander** trägt als Veteran des Ersten Weltkriegs sowie aufgrund seiner Beinamputation und Diabetes äußere Kennzeichen von Anderschs **Vater**. Charakterlich spielt er auf Anderschs jugendliches Vorbild, seinen **Konfirmationspastor** Johannes Kreppel, an.[2] Über Kreppel ist heute kaum etwas bekannt. Für Anderschs Vater aber, der von Anfang an ein Sympathisant der völkischen Bewegung um Adolf Hitler gewesen ist, kann der aufrechte Pastor Helander mit seinem offenherzigen Bekenntnis gegen das Regime der Anderen kaum als angemessene literarische Entsprechung gelten. Dieser Vergleich hinkt gewaltig.

In **Gregor**, dem Funktionär der Jugendorganisation der KPD, ist unschwer der **jugendliche Alfred Andersch** zu erkennen. Etwas stutzig macht allerdings die Tatsache, dass Gregor, der lange Zeit mit Haut und Haaren seiner politischen Aktivität verschrieben ist, seinen inneren Abnabelungsprozess von der Partei unaufgeregt vollzieht, ohne währenddessen konkreten Gefahren ausgesetzt zu sein. Andersch selbst dagegen lässt seine offiziellen Parteiaktivitäten ruhen, weil er deswegen für einige Wochen im KZ Dachau interniert wird. Das Trauma der Verhaftung sitzt so tief, dass er sich auch in den Folgejahren politische Abstinenz auferlegt. **Angst** vor weiteren Repressionen und ein gewisses Maß an **Opportunismus** prägen Anderschs Verhalten in dieser Lebensphase weit stärker als seine Überzeugungen.

Eingangstor zum Konzentrationslager Dachau bei München. Anderschs dreimonatige Internierung im Jahr 1933 war eine einschneidende Erfahrung für den jungen Mann.

Gregors Plänen, sich als **politischer Flüchtling** ins benachbarte Ausland nach Holland oder Schweden abzusetzen, stehen in Anderschs Vita **keine Entsprechungen** gegenüber. Weder nach seiner Entlassung aus dem KZ Dachau steht dies für ihn zur Diskussion, noch nimmt er „zu einem späteren Zeitpunkt, zwischen

1935 und 1939, die sich ihm verschiedentlich bietende Möglichkeit, in die Schweiz zu gehen beziehungsweise dort zu bleiben“[3], wahr. Statt zu fliehen, nimmt Andersch kurz nach seiner Freilassung eine Arbeitsstelle bei der Lehmannschen Verlagsbuchhandlung an, die aus heutiger Sicht als eine „verlegerische Keim- und Brutzelle des Rassismus“[4] und der völkischen Ideologie des Regimes zu bewerten ist. Anderschs Verhalten belegt einerseits die Wirksamkeit der Einschüchterungsmaschinerie der Nazis, diskreditiert ihn andererseits aber auch. Denn es legt nahe, dass Andersch aus seiner vermeintlichen „Jugendsünde“, dem mutigen und offenen Eintreten für seine kommunistischen Ideale, gelernt hat und sich nun behutsam eine unverfängliche Nische in den Reihen der Gesinnungstreuen Hitlers sucht.

In **Gregor** und der Jüdin **Judith** spiegelt sich das **Ehepaar Alfred Andersch und Angelika Albert**. Letztere entstammt einer deutsch-jüdischen Familie. Das Pikante an dieser Parallele ist, dass Anderschs Alter Ego zu dem Helden wird, „der er selber nie gewesen ist“[5]. Denn Gregor rettet Judith uneigennützig vor den Häschern der Anderen, während Andersch seine erste Frau Angelika durch die Trennung 1942 und die **Ehescheidung**, die am 6. 3. 1943 rechtskräftig wird, erst recht der Gefahr aussetzt, wie ihre 1942 deportierte Mutter Idl verfolgt zu werden. Auch die Art und Weise, wie sich Andersch diese Ehescheidung zunutze macht, lässt tief blicken. Andersch bemüht sich 1943 um Aufnahme in die Reichsschrifttumskammer, weil er ohne Mitgliedschaft im Dritten Reich nicht publizieren kann. In dem entsprechenden Antrag vom 16. 2. 1943 vermerkt Andersch drei Wochen vor dem Inkrafttreten der Scheidung unter der Rubrik Familienstand, dass er bereits geschieden sei. Mit dem Makel einer Ehe, die nicht den Nürnberger Rassegesetzen entspricht, will er offenbar nicht behaftet sein, als er sein eigenes Vorankommen betreibt. Eine offene **Anbiederung an das Regime** sowie eine **moralisch unkritische Haltung** um des eigenen

Vorteils willen muss sich Andersch daher für diese Phase nachsagen lassen.

Aus seiner Zeit als amerikanischer Kriegsgefangener im Camp Ruston in Louisiana liegt wiederum ein Antrag Anderschs vom 8. 10. 1944 vor, in dem er um die Herausgabe beschlagnahmter Manuskripte und Unterlagen bittet. Als Leumund für seine regimekritische Haltung während der Nazizeit verweist er, das ist sein gutes Recht, auf seine Gefangenschaft in einem Konzentrationslager. Dass Andersch in demselben Antrag auch seine angebliche jüdische Gattin aufführt, obwohl er seit über einem Jahr geschieden ist, ist dagegen befremdlich.

Aus all diesen Details geht hervor, dass in *Sansibar oder der letzte Grund* ein Autor am Werk ist, der einen **kreativen Umgang mit seiner Lebensgeschichte** pflegt, indem er diese, wenn ihm das geboten erscheint, zu seinen Gunsten modelliert. Die **innere Emigration** (d. h., in Opposition zum NS-Regime gestanden zu haben, ohne aus dem Deutschen Reich ausgewandert zu sein), die Andersch gerne für sich reklamiert, scheint tatsächlich eher ein Prozess der „Angleichung an die herrschenden Verhältnisse“[6] gewesen zu sein. Anderschs Lebensgeschichte darf hier stellvertretend für viele namhafte Nachkriegsliteraten stehen, die ähnlich wie er gegenüber sich selbst mit dem Vergessen äußerst großzügig gewesen sind. Andersch spielt, was das betrifft, keine Sonderrolle. Er ist **Opfer**, aber eben zugleich **Mitläufer**. Als jemand, der einfach danach trachtet, innerhalb des Naziterrors sein persönliches Auskommen zu finden, muss er sich aus heutiger Sicht nachsagen lassen, dass auch er einer der zahllosen mehr oder weniger willigen Vollstrecker des NS-Regimes gewesen ist, die nach 1945 ihre unrühmlichen Verstrickungen in selbiges allzu bereitwillig vergessen haben. Anderschs Verdienste um die deutsche Literatur schmälert das nicht. Was seine charakterliche Integrität betrifft, lassen die Befunde jedoch Zweifel aufkommen.

Inhaltsangabe

Die Handlung des Romans spielt im Herbst des Jahres 1937 in der kleinen Ostsee-Hafenstadt Rerik.

1. Kapitel: Der Junge (S. 7)

Der Junge liest in Mark Twains *Die Abenteuer des Huckleberry Finn*. Es zieht ihn in die weite Welt, wohin er aus seinem Reriker Alltagstrott ausbrechen will. Er denkt daran, dass sein Vater ebenfalls wegwollte, aber immer nur ziellos auf dem Meer herumgeirrt ist. Er dagegen will tatsächlich fliehen und dabei ein klares Ziel vor Augen haben.

2. Kapitel: Gregor (S. 8–9)

Gregor nähert sich der Kleinstadt Rerik auf dem Fahrrad. Auch seine Gedanken kreisen um Flucht. Er hofft von Rerik aus auf eine Schiffspassage nach Schweden.

3. Kapitel: Der Junge (S. 10)

Wieder kreisen die Gedanken des Jungen um Huck Finn. Er vergleicht dessen Fluchtalternativen, den Mississippi oder die Wälder, mit den seinen und kommt zu dem Ergebnis, dass ihm eigentlich nur die Flucht über das Meer bleibt. Ostern hat er die Schule verlassen. Ein erster Grund, der seine Flucht rechtfertigt, ist seiner Meinung nach die Tatsache, dass in Rerik weder etwas los ist noch jemals etwas los sein wird.

4. Kapitel: Helander (S. 11–13)

Pfarrer Helander will den Fischer Knudsen um Hilfe bitten. Er fühlt sich sowohl als Mensch als auch in spiritueller Hinsicht einsam und verlassen. Seine seelsorgerische Tätigkeit erscheint ihm zunehmend als sinnleer. Zu allem Überdruss schmerzt ihn auch noch sein Beinstumpf.

5. Kapitel: Der Junge (S. 14)

Der Junge muss bald auf Knudsens Schiff, weil der mit ihm auslaufen will. Die Fischerei ödet den Jungen an, zumal Knudsen immer nur in Küstennähe fischt. Sein Vater hat sich auch ins offene Meer der Ostsee gewagt. Ihm wird nachgesagt, er sei Alkoholiker gewesen wie Huck Finns Vater. Der Junge hält das für üble Nachrede. Weil der Vater angeblich im Suff umgekommen ist, haben ihm die Reriker die übliche Gedenktafel für auf See verstorbene Fischer in der Kirche verweigert. Der Junge hasst sie dafür, dass sie seinem Vater diese Ehren nicht haben zuteilwerden lassen. Darin sieht er den zweiten Grund für seine Flucht.

6. Kapitel: Knudsen (S. 15–18)

Knudsen ist wütend darüber, dass für ihn ein Treffen mit einem Instrukteur der „Partei" (KPD) vereinbart wurde. Er fühlt sich gelähmt. Als Parteifunktionär hat er vor Ort keinen Rückhalt mehr. Aus Angst vor dem Terror der Anderen lassen die ehemaligen

Parteigenossen jegliche politische Aktivität ruhen. Die Anderen kennen zwar die Namen der KPD-Mitglieder Reriks, wissen aber nicht, dass Knudsen die Partei vor Ort leitet. Er glaubt, sich verdächtig zu machen, wenn er nicht wie die anderen Fischer ausläuft und Dorsch fischt. Knudsens Frau ist geistig verwirrt und sollte nach dem Willen der Anderen in eine Nervenheilanstalt gebracht werden. Knudsen hat das mithilfe seines Arztes verhindert; er weiß, dass die Anderen geistig Behinderte töten. Er fühlt auch, dass die Anderen seine Frau instrumentalisieren, d. h. nur bei ihm lassen, um ihn politisch in Schach zu halten. Knudsen befindet sich in der Zwickmühle. Den Instrukteur treffen, hieße, sich zu verstricken und sich einer unnötigen Gefahr auszusetzen.

7. Kapitel: Der Junge (S. 19)

Der Junge denkt darüber nach, ob sein Vater Hinrich Mahlmann doch Alkoholiker gewesen ist. Er wägt verschiedene Gründe gegeneinander ab, die seine Sucht verursacht haben könnten.

8. Kapitel: Judith (S. 20–23)

Die Jüdin Judith bewohnt unter falschem Namen ein Fremdenzimmer der Gaststätte *Wappen von Wismar* mit Blick auf den Hafen von Rerik. Den Rat der Mutter befolgend, plant sie wie Gregor, von Rerik aus nach Schweden zu fliehen.

9. Kapitel: Der Junge (S. 24)

Das havarierte Boot des Vaters hat seine Mutter verkauft, um Bankschulden zu begleichen. Für den Jungen würde es nun lange dauern, bis er sich selbst ein Schiff leisten kann. Er vergleicht seine Fähigkeiten mit denen Huck Finns. Beide können sie fischen und sich verstecken. Allerdings hat Huck im Gegensatz zu ihm ein gutes Boot für seine Flucht auf dem Mississippi. Der Junge sucht nach einem dritten Grund für seine Flucht aus Rerik.

10. Kapitel: Gregor (S. 25–28)

Beim Anblick der Reriker Kirchtürme ahnt Gregor, dass die geplante Flucht schwer würde. In einer Rückblende macht er sich bewusst, wann er begonnen hat, die Partei kritisch zu hinterfragen. Die Anfänge seines Verrats fallen ausgerechnet in die Zeit seiner Ausbildung zum Parteifunktionär an der Moskauer Eliteuniversität der KPD. Von dort ist er vier Jahre zuvor mit falscher Identität nach Deutschland zurückgekehrt.

11. Kapitel: Der Junge (S. 29)

Der Junge betankt Knudsens Schiff und überlegt dabei, dass der Treibstoff bis nach Dänemark oder Schweden reichen würde. Er kennt die Seekarten so genau, dass er das Schiff mühelos über die Ostsee ins Ausland schippern könnte. Er vermutet, dass die Mutter den Vater so wenig hat leiden können wie die Reriker.

12. Kapitel: Helander – Knudsen (S. 30–37)

Das Verhältnis von Knudsen und Helander ist aus weltanschaulichen Gründen angespannt: hier der Kommunist, da der lutherische Geistliche. Ihr letztes Gespräch haben sie vier Jahre zuvor geführt. Daher ist Knudsen erstaunt, dass Helander auf seinen Kutter kommt. Der Pfarrer bittet Knudsen, nach Schweden zu fahren und dem Propst von Skillinge eine Holzplastik aus seiner Kirche zu überbringen, hinter der die Anderen her sind. Knudsen gibt sich störrisch und lehnt die Bitte ab. Helander entdeckt die Doppelbödigkeit von Knudsens Argumenten: Der Fischer will für niemanden mehr etwas tun, da er seinen Glauben an die Partei verloren hat, so wie Helander seinen Glauben an die Kirche.

13. Kapitel: Der Junge (S. 38)

Der Junge setzt sich gedanklich von den Erwachsenen, ihrem leeren Gerede und ihren eingefahrenen Lebensabläufen ab. Er wünscht sich, einmal anders zu werden.

14. Kapitel: Judith (S. 39–42)

Judith sitzt im Gasthaus beim Tee. Der Wirt beginnt eine belanglose Plauderei mit ihr. Schließlich fragt er nach ihrem Pass und stellt ihr fremdländisches Aussehen fest. Judith gibt sich als Halbitalienerin aus. Ein einlaufender schwedischer Dampfer lässt sie das Gespräch unterbrechen und nach draußen gehen.

15. Kapitel: Der Junge (S. 43)

Im Januar des kommenden Jahres wird der Junge 16 Jahre alt. Seine Bitte, in Hamburg auf einem Frachter anheuern zu dürfen, lehnt seine Mutter entrüstet ab: Zuvor habe er noch seine Lehrzeit bei Knudsen zu beenden und den Marinedienst abzuleisten.

16. Kapitel: Gregor (S. 44–50)

Im Schatten der Häuserfluchten begibt sich Gregor in die Kirche, um seinen Verbindungsmann, der ihm namentlich nicht bekannt ist, zu treffen. Da der Kontaktmann noch nicht in Sicht ist, beschleicht ihn Angst, wie immer, wenn er sich an Treffpunkten aufhält bzw. auf dem Weg dorthin ist. Er hofft insgeheim, dass der Kontaktmann nicht kommt, dann wäre sein letzter Auftrag bereits erledigt. Wäre die Partei in Rerik nicht mehr aktiv, hätte das für ihn den Vorteil, dass er sich leichter ins Ausland absetzen könnte als unter den argwöhnischen Augen von Parteigenossen, die seine Schritte beobachten. Während Gregor wartet, mustert er eingehend den *Lesenden Klosterschüler*. Er identifiziert sich mit der Figur, da er in ihr die Art von Menschsein entdeckt, nach der er trachtet. Der Kontaktmann Knudsen, der sich aufgrund seines Gesprächs mit Helander verspätet hat, betritt die Kirche.

17. Kapitel: Der Junge (S. 51)

Der Junge hadert mit den Vorstellungen seiner Mutter von einer soliden Ausbildung, da er glaubt, von Knudsen nichts mehr lernen zu können. Ihn ärgert, dass ihm der dritte Grund nicht einfällt, warum er Rerik verlassen muss.

18. Kapitel: Knudsen – Gregor (S. 52–58)

Gregor erläutert Knudsen das sogenannte Fünfergruppensystem, mit dem sich die Partei vor der drohenden Zerschlagung schützen will. Knudsen hält die Partei schon für verloren. Gregor spürt, dass er Knudsen nicht überzeugen wird. Der Fischer erklärt, dass es in Rerik außer ihm keine aktiven Genossen mehr gibt. Aus seiner Sicht gilt es zu überleben und die Ideale insgeheim zu bewahren. Gregor gibt ihm recht, kann das aber nicht eingestehen, weil es gegen die Linie der Partei wäre. Stattdessen erkundigt er sich verstohlen nach den Auslandskontakten der Fischer, angeblich für Kurierdienste der Partei. Das findet Knudsen verdächtig und Gregor gibt unverhohlen zu, dass er „kneifen" (S. 57) will. Knudsen kann mit dieser Direktheit nicht umgehen. Gregors Aufforderung, gemeinsam zu fliehen, tut er mit einem Kopfschütteln ab und behält dabei seine Gründe – vor allem will er seine Frau Bertha schützen – für sich. Helander stößt dazu, weil er noch mit Knudsen zu reden hat.

19. Kapitel: Der Junge (S. 59)

Der Junge braucht die Unterschrift seiner Mutter, wenn er in Hamburg auf einem größeren Schiff anheuern und dazu im Vorfeld einen Pass beantragen will. Er fragt sich, ob er aus dem Ausland ohne Pass wieder in seine Heimat abgeschoben würde. Er glaubt, dass es in Rerik keine Verfolgungsszenarien gibt wie in *Huckleberry Finn*.

20. Kapitel: Helander – Knudsen – Gregor (S. 60–66)

Nach einem kurzen Schlagabtausch mit Knudsen und Gregor über die pietätlose Wahl ihres Treffpunkts erinnert Helander an die Plastik. Knudsen verweist abwiegelnd auf sein Risiko. Gregor solidarisiert sich mit Helander und versucht, Knudsen die Rettung der Figur als „Parteibefehl" bzw. neue „Taktik" (S. 64) der Partei aufzuzwingen. Helander spürt das gegenseitige Misstrauen der beiden. Gregors Appelle bewirken keinerlei Sinneswandel bei Knudsen. Gregor ist sich sicher, dass Knudsen seine Haltung überdenken wird, und gibt dem Pfarrer Anweisungen für die Rettung der Figur. Helander staunt über Gregors Gewissheit.

21. Kapitel: Der Junge (S. 67)
Der Junge misstraut den Arbeitsanweisungen des Fischers und unterstellt ihm im Gegensatz zu seinem Vater fehlenden Wagemut auf hoher See.

22. Kapitel: Judith – Gregor – Knudsen (S. 68–79)
Gregor entdeckt Judith unter den Reriker Bürgern am Hafen und ist von ihr angetan. Knudsen ärgert sich über sich selbst, weil er das Auslaufen erneut verzögert. Er wundert sich, dass Gregor noch nicht geflohen ist, und ist sich sicher, dass der schwedische Dampfer ihn nicht mitnehmen wird. Auch Judith mustert das anlegende schwedische Schiff. Zwischen Mannschaft und Offizieren an Deck ist kein Unterschied erkennbar. Sie zweifelt, ob sie in der Lage sein wird, solche Menschen erfolgreich mit Geld zu bestechen. Gregor ist sich sicher, dass der Dampfer Judith keine Fluchtpassage gewähren wird. Knudsen verfolgt von seinem Kutter aus Gregors Schritte, sagt sich aber, dass der Instrukteur und dessen Pläne ihn nichts mehr angehen. Da Gregor von Rerik aus nicht fliehen kann, will er sich zuerst um das hier Anstehende, also um die Plastik wie um Judith, kümmern. Er hat gefälschte Papiere und Geldmittel und kennt sichere Grenzübergänge im Emsland. Judith sorgt sich um ihre Flucht. Gregor sieht sie in die Gaststätte zurückkehren und ahnt, dass sie sich an die Schweden wenden wird. Er gesteht sich ein, dass er zwar „Feuer" für Judith gefangen hat, dass aber der *Klosterschüler* eigentlicher Auslöser seiner Erregung und seines Handlungsumschwungs ist. Er erkennt die Schlüsselrolle Knudsens für eine Rettungsaktion, weiß aber auch, dass er besser nicht mehr mit

ihm sprechen sollte. Wie Judith und die Schweden begibt Gregor sich in das Wirtshaus. Fischer Kröger kommt an Knudsens Kutter vorbei und erkundigt sich misstrauisch nach dessen Ausbleiben beim Dorschfischen. Knudsen schwindelt wenig überzeugend. Den Jungen schickt er noch einmal nach Hause.

23. Kapitel: Der Junge (S. 80)

Der Junge wundert sich über Knudsens Verhalten angesichts des günstigen Dorschvorkommens. Er geht an dem schwedischen Dampfer vorbei, auf dem er am liebsten anheuern würde. Dabei erwägt er, als blinder Passagier an Bord zu gehen, lässt die Idee aber wieder fallen, als er die Deckwache erblickt.

24. Kapitel: Judith (S. 81–92)

Durch die sich betrinkenden Schweden ist die Schankstube leicht überfüllt. Ein junger Schwede lässt Judith ein Glas Schnaps bringen und begibt sich an ihren Tisch. Der Wirt spielt zunächst den Anstandswärter und versucht Judith zu beschützen. Der Schwede lässt sich davon nicht beirren. Er ist zwar recht angeheitert, macht aber in Judiths Augen einen anständigen Eindruck. Den Schnaps lehnt Judith dennoch ab. Er stößt das Glas achtlos um und lädt sie auf einen Whisky auf das Schiff ein. Die angespannte Situation zwischen dem Schweden und dem Wirt entschärft Gregor, indem er Letzteren um ein Zimmer bittet. Der Wirt schwenkt in seiner Haltung um und setzt Judith aufgrund ihres in seinen Augen liederlichen Verhaltens vor die Tür. Auf dem Schiff entwickelt sich alles anders, als es sich angebahnt hat. Der junge Steuermann steht vor dem verschlossenen Schrank mit den Spirituosen. Den Schlüssel hat der Kapitän mit an Land genommen. Das Einzige, was er Judith kleinlaut anbieten kann, ist Limonade. Judith kommentiert das Ganze mit schallendem Gelächter und verlässt den sichtlich betretenen Steuermann.

25. Kapitel: Der Junge (S. 93–95)

Der Junge begibt sich auf den Dachboden der alten verlassenen Gerberei, wo er sich aus alten Kisten einen kleinen Verschlag gebaut hat. Dorthin zieht er sich oft unbemerkt zurück, liest und träumt. Er spürt aber, dass sich die Speicherzeit ihrem Ende zuneigt. Denn dieser Ort dient ihm als Versteck. Er aber will sich gar nicht verstecken, er will fliehen. Endlich fällt ihm der dritte Grund, Rerik zu verlassen, ein: weil es ferne Orte wie Sansibar gibt.

26. Kapitel: Gregor – Knudsen (S. 96–106)

Gregor ist begeistert, seine erste private Aktion durchzuführen. Nach langem Ringen mit sich hat Knudsen zwischenzeitlich einen detaillierten Plan entwickelt, wie die Rettung der Figur vonstattengehen soll. Was die Mitnahme von Judith nach Schweden angeht, will Gregor den Fischer vor vollendete Tatsachen stellen. Knudsen und der Junge brechen zum geheimen Treffpunkt am Ufer der Lotseninsel auf.

27. Kapitel: Der Junge (S. 107)

Weil er Knudsen noch nie etwas gefragt hat, unterlässt es der Junge, sich zu erkundigen, was es mit dem geheimnisvollen Passagier auf sich hat, den sie an Bord nehmen werden. Er ist äußert gespannt und freut sich, dass endlich einmal etwas passiert.

28. Kapitel: Helander (S. 108–115)

Helanders Entzündung im Beinstumpf erscheint dem Hausarzt aufgrund der Diabetes des Pfarrers als so kritisch, dass er ihn in die Rostocker Klinik einweist. Helander lehnt einen Krankenwagen ab, um Aufsehen zu vermeiden. Damit schiebt er die Entscheidung noch einmal auf, ob er sich aktiv an der Rettungsaktion beteiligen wird. Ihm bleibt die Zeit, seine Alternativen abzuwägen. Dabei muss er an sein brüchiges Gottvertrauen denken.

Erschöpft gleitet er hinüber in von Selbstmordgedanken durchzogene Albträume. Als er wieder erwacht, nimmt er mehr aus Ratlosigkeit als aus Mut drei Schmerztabletten, anstatt sich ein Taxi zur Klinik zu rufen.

29. Kapitel: Der Junge (S. 116)
Die sich übereilenden Ereignisse bringen den Jungen zu dem Schluss, dass die Abenteuerbücher doch etwas mit dem richtigen Leben zu tun haben. Er ist beeindruckt davon, dass der rechtschaffene Knudsen in eine illegale Aktion verstrickt ist.

30. Kapitel: Judith – Gregor – Helander (S. 117–136)
Gregor tritt an Judith heran, als sie den schwedischen Dampfer verlässt, und spricht sie unvermittelt auf ihre prekäre Situation an. Er bedrängt sie, mit ihm zu kommen, da er ihr eine Fluchtmöglichkeit eröffnen könne, und beruhigt sie bezüglich ihres Koffers. Da sie ihr Geld mit sich trage, könne sie sich alles Nötige wieder kaufen, sollte die Flucht gelingen. Das Gespräch über Judiths Mutter und das Foto von dieser, das noch im Gasthof liegt, macht noch einmal deutlich, in welcher Gefahr das Mädchen sich befindet: Leicht könnte ihre Tarnung durch das Bild auffliegen. Im Schlagschatten der Häuser begeben sich beide zur Kirche. Gregors Verhalten gegenüber Judith schwankt zwischen emotionaler Anziehung und aggressiver Ablehnung. Judith spürt in Gregors Gereiztheit ein gewisses Interesse an ihr. Sie hält ihn für zuverlässig und vertrauenswürdig. In der Kirche klärt Gregor Judith über den Fluchtplan auf, warnt sie aber auch vor überzogenen Erwartungen. Noch ist nicht gewiss, ob Knudsen sie mitnehmen wird. Dennoch ist Judith erleichtert, weil sie nun wenigstens weiß, was sie erwartet. Judith erinnert Gregor schmerzlich an Franziska, seine große Liebe aus der Moskauer Zeit, die er damals nicht beschützen konnte. Nach dem Eintreffen Helanders montieren sie die Figur des *Klosterschülers* ab und Judith und Gregor machen sich damit auf den Weg zur Lotseninsel.

31. Kapitel: Der Junge (S. 137)

Der Junge macht sich mit dem Beiboot auf, den vermeintlichen Passagier zu holen. Er hofft darauf, selbst auch eine Chance zur Flucht zu erhalten und diese nutzen zu können.

32. Kapitel: Judith – Gregor (S. 138–150)

Gregor ärgert sich darüber, dass er sich beinahe zu einem Kuss mit Judith hat verleiten lassen. Dadurch hat er seiner Ansicht nach seine innere Distanz zur der geplanten Aktion sowie seine gedankliche Überlegenheit eingebüßt. Judith hat Schwierigkeiten mit Gregors widersprüchlichem Verhalten: Auf der einen Seite entzweit die beiden Gregors ablehnende Haltung ihr gegenüber, auf der anderen betreibt Gregor ihre Rettung aus freien Stücken und mit hohem Eigenrisiko. Der Junge holt die beiden und ihr Paket, den *Klosterschüler*, mit dem kleinen Beiboot von der verabredeten Stelle ab. Ohne dass der Junge dem Gespräch folgen kann, gibt Gregor Judith gegenüber zu, dass er bereut, sie nicht geküsst zu haben. Judith erwidert sein Bedauern. Gemeinsam kämpfen die drei gegen die Strömung an, um nicht von dem patrouillierenden Polizeiboot entdeckt zu werden. Sie entkommen durch eine glückliche Fügung: Der Scheinwerfer wird für eine Minute abgeschaltet. Diese Zeitspanne reicht aus, um dem Radius der Suchscheinwerfer zu entkommen. Sicher erreichen sie den Treffpunkt mit Knudsen auf der Lotseninsel.

33. Kapitel: Der Junge (S. 151)

Der Junge wundert sich darüber, warum Figuren von lesenden Knaben aus Kirchen geschmuggelt werden müssen, und fragt sich, ob Gregor und Judith mit auf die Seereise gehen werden. Für ihn zählt aber nur, endlich der Enge Reriks zu entkommen.

34. Kapitel: Knudsen – Gregor – Judith (S. 152 –163)

Knudsen grübelt, während er auf den Jungen, Gregor und die Holzfigur wartet. Er hat Bedenken, ins Gerede zu kommen, wenn er nach zwei Tagen Abwesenheit ohne Dorsch nach Hause zurückkehrt. Knudsen entwickelt daher einen Alternativplan. Er gedenkt, die Figur an einer Stelle im Meer zu versenken, von wo sie später eventuell von Tauchern geborgen werden kann, und dann fischen zu gehen. Inzwischen hat das Beiboot angelegt und Gregor übergibt dem Fischer den *Lesenden Klosterschüler*. Gregors Plan, Knudsen bezüglich Judith vor vollendete Tatsachen zu stellen, erweist sich zunächst als Fehlschlag. In Form von Unterstellungen und höhnischer Ablehnung verleiht Knudsen seiner Abneigung gegenüber Gregor und seinen Ängsten Ausdruck. Weil er sich nicht anders zu helfen weiß, schlägt sich Gregor mit Knudsen. Er hat vor, den Rettungsplan notfalls ohne den Fischer mithilfe des Jungen auszuführen. Als geübter Boxer bleibt Gregor trotz der Bärenkräfte des alten Fischers der Sieger.

Als Gregor keine Anstalten macht, den Kutter zur Überfahrt ebenfalls zu besteigen, dämmert es Knudsen, dass Gregor uneigennützig handelt. Darum erklärt er sich schließlich bereit, Judith überzusetzen. Als wollte er ihn auf die Probe stellen, bietet Knudsen mit einem Mal auch Gregor die Passage nach Schweden an. Gregor lehnt ab, obwohl er insgeheim mitfahren möchte. Die drei anderen fahren in Knudsens Kutter davon. Gregor buddelt sich mit Sand zu und schläft erschöpft, bis gegen fünf Uhr der Morgen graut. Danach macht er sich auf den Weg zurück nach Rerik.

35. Kapitel: Der Junge (S. 164–166)

Der Junge zieht in Erwägung, sich in Schweden oder Dänemark als politischer Flüchtling auszugeben, um dort bleiben zu können. Da sie nicht gesehen werden soll, schickt Knudsen Judith nach unten. Dort entwickelt sich ein Gespräch mit dem Jungen, der ihr von seinen Fluchtplänen erzählt. Judith ist darüber entrüstet und argumentiert, er könne Knudsen nicht im Stich lassen, denn dieser würde unweigerlich verhaftet, käme er alleine zurück nach Rerik. Dann ließe sich nicht verheimlichen, dass er im Ausland gewesen ist. Die Art, wie die Reriker mit dem Andenken an seinen Vater umgegangen sind, dient dem Jungen vor sich selbst als Rechtfertigung dafür, dass er niemandem gegenüber zu irgendetwas verpflichtet ist.

36. Kapitel: Helander (S. 167–176)

Wegen der starken Tabletten, die er genommen hat, hat Helander in der Nacht nur in kurzen Intervallen geschlafen. Er erinnert sich an seine wiederkehrenden Träume. Das Schlimme an diesen sind die Leere und die Trostlosigkeit der sich darin abzeichnenden Räume, die er als Symbole für die Sinnleere des Lebens wertet. In einer Rückblende lässt Helander die wesentlichen Stationen seines Lebens Revue passieren. Starke Schmerzen beuteln ihn. Er humpelt ohne Prothese auf Krücken zum Fenster und beobachtet, wie wunderbar unauffällig sich Gregor, der gerade von der Lotseninsel zurückkehrt, in der für ihn gefährlichen Umgebung bewegt. Er beneidet Gregor darum, dass dieser sich unerkannt aus Rerik davonstehlen kann, während ihm selbst die unausweichliche Verhaftung droht. Vermittels eines kurzen Blickkontakts verabschieden sich die beiden voneinander. Während Gregor fröhlich grinsend über seinen Erfolg triumphiert, befallen Helander Todesangst sowie das Gefühl des Ausgeliefertseins. Der Pfarrer greift zu seiner Pistole, einem Erbstück. Will er Verhaftung und Folter durch die Anderen entgehen, bleiben ihm Selbstmord oder Mord als einzige Alternativen. Die Gründe, die er sich zurechtlegt, um sein Vorhaben vor sich selbst zu rechtfertigen, erscheinen wenig stichhaltig. Helander schießt den Erstbesten der Anderen, der sein Arbeitszimmer betritt, gezielt nieder. Während er darauf wartet, seinerseits erschossen zu werden, kommt ihm die Schrift in den Sinn, auf deren Erscheinen vor seinen Augen er zeitlebens als ein Zeichen Gottes gewartet hat. Tatsächlich erscheint ihm die Schrift auf der Kirchenmauer gegenüber. Während Helander liest, wird er von Kugeln durchsiebt.

37. Kapitel: Der Junge (S. 177–179)

Um den Behörden seine Identität nicht preisgeben zu müssen, steuert Knudsen keinen der kleinen schwedischen Häfen an, sondern macht an einem Bootssteg, der zu einem leer stehenden Anwesen gehört, fest. Knudsen will Judith, die den Klosterschüler mit sich nimmt, ein Stück begleiten, bis sie die Straße nach Skillinge gefunden hat. Der Junge nutzt die Abwesenheit des Alten zur Flucht. Er kommt zu einem abgelegenen See, an dem eine unverschlossene Blockhütte steht und ein kleines Boot liegt. Er fängt zwei Fische, die er sich in der Hütte zubereitet. Der Junge plant, zunächst ein paar Tage in der Hütte zu bleiben und sich dann als politisch Verfolgter zu melden, um danach die weite Welt zu bereisen. Dennoch kehrt er schließlich zurück, um nachzusehen, ob Knudsen abgefahren ist. Er ist sicher, dass er sich erst frei fühlen wird, wenn er weiß, dass sein Lehrherr weg ist. Als er Knudsen in aller Seelenruhe auf dem Kutter warten sieht, schlendert er auf das Boot zu, als sei nichts gewesen.

Textanalyse und Interpretation

1 Charakteristik der Hauptfiguren

Der Junge

> *Man mußte Rerik verlassen, erstens, weil in Rerik nichts los war, zweitens, weil Rerik seinen Vater getötet hatte, und drittens, weil es Sansibar gab, Sansibar in der Ferne, Sansibar hinter der offenen See, Sansibar oder den letzten Grund.* (S. 95)

Lediglich in drei Kapiteln ist der Junge unmittelbar Teil der Romanhandlung (S. 30, 141 ff., 152 ff.). Ansonsten **kommentieren** seine knappen Gedankengänge **Teile des Geschehens** aus seiner subjektiv beschränkten Perspektive heraus. Seine Überlegungen stehen des Weiteren Pate für den verklausulierten Romantitel.

Der Junge, dessen Vorname ungenannt bleibt, ist fünfzehn Jahre alt und Halbwaise. An Ostern hat er die Schule verlassen und arbeitet seitdem als **Knudsens Lehrjunge** auf dessen Fischkutter. Er ist der Sohn des Fischers Hinrich Mahlmann, der, offenbar betrunken, auf der Ostsee tödlich verunglückt ist. Seine Trunkenheit scheint der Grund dafür zu sein, dass die Reriker dem Toten die Ehrung vorenthalten, die sonst die verunglückten Seeleute der Kleinstadt erfahren: Von Hinrich Mahlmann findet sich in der örtlichen Kirche keine Gedenktafel. Dafür, dass **die Kleinstädter** seinen Vater verkannt haben, **hasst der Junge** sie. Auch seine Mutter beargwöhnt er, weil sie den Vater seiner Meinung nach ebenfalls unzureichend würdigt. Insgeheim kritisiert er, dass die Mitbürger die Alkoholsucht Mahlmanns in den Vordergrund stellen, dabei aber außer Acht lassen, was seine Krankheit verursacht haben mag: Der Junge sieht den Vater verstrickt in die Enge des **provinziellen Fischerdaseins**, dem er in ziellosen Streifzügen auf das offene Meer entflieht: „Seine sinnlosen, betrunkenen Fahrten auf die offene See waren Ausbrüche aus einer Welt gewesen, in der er nie, niemals etwas zu sehen gekriegt hatte." (S. 43) Das **unstillbare Fernweh**, das hier zum Ausdruck kommt, sowie das **Leiden an der Enge** des kleinbürgerlichen Rerik verbinden Vater und Sohn (vgl. S. 43), markieren zugleich aber auch den Unterschied zwischen den beiden. Die Ausbrüche des Vaters aus seinem als einengend empfundenen Netzwerk an Pflichten und Abhängigkeiten münden regelmäßig in vom Alkohol vernebelte Irrfahrten, an deren Ende die vorab eingeplante Rückkehr nach Rerik steht. Der Junge geht einen anderen Weg. Er konzentriert sich auf einen **Ausbruchsversuch**, der zielgerichtet sein soll und zu gelingen hat.

Der Junge beneidet den Helden seiner Abenteuerromane, Huckleberry Finn, um dessen Freiheit. (Foto: TV-Serie „Tom Sawyers und Huckleberry Finns Abenteuer", 1968)

Bis dahin zieht er sich zurück in die fiktive Welt seiner **Abenteuerromane**. Seine Identifikationsfigur ist Huckleberry Finn, dessen Vater ebenfalls Alkoholiker ist und der es wie er selbst ablehnt, sich die Wertvorstellungen der Erwachsenen zu eigen zu machen: „Man mußte sich etwas Neues ausdenken, damit man nicht so wurde. Aber um es ausdenken zu können, mußte man erst einmal weg von ihnen." (S. 38) Die **Opposition** des Jungen **gegen die Erwachsenenwelt** darf als ein wesentlicher Teil des Pubertätsprozesses verstanden werden. Seine Vorstellung allerdings, sich erst entfalten zu können, wenn man die vertraute Welt hinter sich gelassen hat, belegt die **Unsicherheit** und **Unreife** des Jungen. Diese hemmen ihn, das Ziel, anders zu werden, im Hier und Jetzt anzugehen. Stattdessen schiebt er es auf in eine vage Zukunft.

In gewisser Hinsicht hat der Junge mit seiner **Erwachsenenschelte** recht. Er durchschaut deren Behäbigkeit in Lernprozessen, dass „sie meinen [...], man soll alles genau so langsam kapieren wie sie selbst" (S. 51). Tatsächlich haben die vier erwachsenen Hauptfiguren des Romans ihre rechte Not, auf Veränderungen flexibel zu reagieren. Immer steht ihnen dabei das Weltbild, das sie sich zum Schutz erschaffen haben, im Weg.

> *Es konnte doch nicht immer so weitergehen, daß man nur noch ein paar Redensarten hatte, wenn man älter wurde, daß man auf keine Ideen mehr kam, wenn man älter wurde, daß man immer das gleiche Leben in kleinen roten Ziegelhäusern führte und ein wenig langweilige Küstenfischerei betrieb, wenn man älter wurde.* (S. 38)

Die Erwachsenen verschanzen sich allzu häufig hinter **bedeutungslosen Floskeln**, das Gesagte widerspricht oft dem, was sie eigentlich denken. Das trifft auf den Jungen nicht zu. Er sagt wenig; wenn er aber spricht, dann deckt sich das mit dem, was er fühlt und denkt, etwa als er Judith seine Fluchtpläne verrät: „Knudsen? fragte der Junge. Der ist mir doch egal [...]." (S. 165)

Dass er alles andere als Knudsens folgsamer und treuer Schiffsjunge ist, beweist er auch während dessen Auseinandersetzung mit Gregor, bei der er sich auf die Seite des Letzteren schlägt und sich bereit erklärt, den Kutter notfalls ohne Knudsen nach Schweden zu steuern (vgl. S. 159). Auch der Fischer ist für ihn (noch) einer der Erwachsenen, die ihm gestohlen bleiben können, weil sie ihn **in seiner Entwicklung und beim Erreichen seines Ziels** zu **behindern** scheinen – auch wenn er Knudsen dafür achtet, dass der sich auf das Abenteuer eingelassen hat (vgl. S. 116).

Die obige Aussage über Knudsen, die der Junge auf dem Kutter gegenüber Judith macht, fördert auch das Motiv für sein Handeln gegen Ende des Romans zu Tage: Im Fokus seines Denkens steht einzig und allein, dass sich ihm unverhofft die **Chance zu der lang ersehnten Flucht** bietet. Zum Entsetzen Judiths ist er dabei sogar bereit, Knudsens Inhaftierung zu riskieren, wenn dieser ohne ihn nach Rerik heimkehrt: „Meinetwegen, dachte der Junge, er ist nur ein Erwachsener. Es ist besser, sie verhaften ihn, als daß ich noch zweieinhalb Jahre mit ihm Küstenfischerei machen muß." (S. 166) Diese Haltung des Jungen ist gewiss kein Zeichen charakterlicher Reife. Sie ist **rücksichtslos** und **egoistisch**. Ihr Urgrund liegt in der **Ungerechtigkeit**, die aus seiner Sicht seinem **Vater** widerfahren ist. Der Junge betreibt hier eine Analogiebildung, die bar jeder Logik ist: „Er ist ein tapferer Mann, sagte Judith, du mußt ihm helfen! Vater war auch ein tapferer Mann, dachte der Junge, aber niemand hat ihm geholfen." (S. 166) Knudsen, der sich immerhin seiner angenommen hat, obwohl er ihn nicht recht einschätzen kann (vgl. S. 100), wäre der Junge vielmehr zu Dank verpflichtet. Der Fischer hat ihm offensichtlich einiges beigebracht. Ihn bewusst in das offene Messer der Anderen laufen zu lassen, ist nicht zu rechtfertigen.

Als der Junge schließlich tatsächlich schwedischen Boden erreicht, bleibt er sich zunächst treu und flüchtet bei der erstbesten Gelegenheit. Die Umstände, die ihn erwarten – der See, das Boot, die Hütte – könnten nicht günstiger sein.

> *[I]ch bin in Schweden, ein paar Tage bleib ich hier, und dann geh ich irgendwohin und melde mich und sag, daß ich ein Politischer bin. Und dann geht es immer weiter, dann kommt vielleicht*

Amerika und der Mississippi oder Sansibar und der Indische Ozean. (S. 178)

Direkt im Anschluss an diese Aussage und damit ausgerechnet inmitten seines ersten Schritts in den ersehnten Neubeginn verkehrt der Junge sein gesamtes bisheriges Denken und Handeln ins Gegenteil: Er kehrt zum Strand zurück und entschließt sich nun offenbar doch, mit Knudsen nach Rerik zurückzufahren. Die Gründe dafür enthält das Romanende dem Leser vor. Drei mögliche **Motive für diesen Sinneswandel** lassen sich benennen:

- Erstens könnten **Judiths Appelle** in Bezug auf Knudsen bei dem Jungen Wirkung gezeigt haben.
- Vielleicht hat sich zweitens der Junge darauf besonnen, dass der wortkarge Knudsen für ihn teilweise die vakante **Vaterstelle** besetzt hat. Einen Fingerzeig hierauf gibt die Analogie der Vornamen Heinrich (Knudsen) bzw. Hinrich (Mahlmann), die niederdeutsche Form desselben Namens.
- Möglicherweise ist ihm drittens klar geworden, dass er einer **trügerischen Zukunftsvorstellung** aufgelaufen ist. Er ist im Begriff, vor der Gegenwart, mit der er sich bislang nie ernsthaft auseinandergesetzt hat, davonzulaufen und die notwendige Auseinandersetzung mit sich selbst auf ungewisse Zeit zu vertagen. Das wirft unweigerlich die Frage auf, warum er ausgerechnet am Mississippi oder auf Sansibar, einer Insel vor der Ostküste Afrikas, zu sich selbst finden soll, wenn ihm das nicht einmal in seinem ihm wohl gesonnenen und behüteten Lebensumfeld in Rerik gelingt. Der Junge begreift also vielleicht die Notwendigkeit, seine Gedanken, Gefühle und Bedürfnisse anderen gegenüber offen zu vertreten, wenn er etwas an seinem Leben verändern will – und zwar egal, an welchem Ort.

Am Schluss des Romans erlebt der Junge **Freiheit** von einer ihm bislang unbekannten Seite. Hat er bis dahin Freiheit stets mit äußerlicher Ungebundenheit gleichgesetzt, so wird ihm am Ende klar, dass die wahre Freiheit des Menschen neben ihrer wichtigen öffentlich-demokratischen Dimension in erster Linie ein privater, weil **charakterlicher Wert** ist. Jeder bewusst gesteuerten Handlung geht eine **freie Entscheidung** – im Idealfall für das ethisch Vertretbare – voraus. Dies zu erkennen und sich dem zu stellen, das ist die eigentliche Bewährungsprobe, die es für den Jungen zu bestehen gilt.

Helander

> *War nicht diese ganze Angelegenheit mit der Figur einfach eine Art Selbstmord, ein eigensinniger Gang in den Tod?* (S. 134)

Pfarrer Helander ist ein großer, schlanker Mann mit grau meliertem Schnurrbart. In seinem „heftigen, geröteten Gesicht" (S. 32) trägt er eine randlose Brille. Er lebt, seit seine Frau im Kindbett gestorben ist, **zurückgezogen** und **alleine**. Eine Haushälterin sorgt für ihn. In der Schlacht um Verdun 1916, während des Ersten Weltkriegs, hat er ein Bein eingebüßt. Darüber hinaus leidet er an Diabetes. Auf Knudsen wirkt er **leidenschaftlich** mit einer **Neigung zum Jähzorn** (vgl. S. 32). Darüber hinaus zeichnet sich Helander durch eine exzellente **Menschenkenntnis** aus. Instinktsicher bittet er ausgerechnet seinen weltanschaulichen Widersacher, den Kommunisten Knudsen, mit dem er seit vier Jahren kein Wort gewechselt hat, um die Rettung der Holzplastik. Genauso intuitiv vertraut er auf Gregors Beistand in der Sache. In Zusammenhang mit der Rettung des *Lesenden Klosterschülers* aus den Fängen der Anderen erweist sich Helander somit als ein **pragmatisch denkender Mensch**. Es stört ihn keineswegs, dass Gregor Knudsen wie auch ihm selbst die Rettungsaktion als eine neue Taktik der Partei unterschieben möchte. Das Ergebnis zählt für Helander; die Motive sind dabei zweitrangig.

Die erste Begegnung des Lesers mit der **innerlich zerrissenen Figur** Helanders findet in seiner Kirche statt. Die einzige Erwartung des Lesers, die der Pfarrer erfüllt, ist die Tatsache, dass er im

Gebet versunken ist. Doch statt spirituelle Kraft zu verströmen, drängt sich das Vokabular des **Nihilismus** auf, der ihn seit Langem befallen und fest im Griff hat:

Es gab nichts Leereres als den Georgen-Kirchplatz [...]. Helander betete einen Augenblick lang heftig gegen die Leere an. [...]
Niemals ist jemand über diesen Platz gegangen [...]. Niemals. [...] die vollkommene Einsamkeit.
Ein Platz so tot wie die Kirche, dachte der Pfarrer. (S. 11)

Trotz seiner abgrundtiefen **Sinnkrise**, ausgelöst durch eine Reihe persönlicher Schicksalsschläge, durch die Machtergreifung der Anderen wie durch die schändlich anbiedernde Haltung von Teilen der Amtskirche gegenüber dem Regime, steht für Helander die **Existenz Gottes außer Frage**: „[...] ich glaube an die Ferne Gottes, aber nicht an das Nichts" (S. 171). Doch sein auf den reformierten Protestantismus ausgerichtetes Gottesbild ist wenig geeignet, um Trost zu spenden oder christliche Handlungsethik zu aktivieren. **Gott** stellt für Helander eine **abwesende Größe** dar, fernab der Welt und der Menschen. Als *Deus absconditus*, d. h. als ferner (wörtl.: verborgener) Gott, nimmt er das Tun des Einzelnen nicht wahr. Heilsgewissheit für ethisch rechtes Handeln gibt es damit nicht. Ob man erlöst wird, hängt einzig und allein von der Willkür bzw. Gnade Gottes ab.

Anstatt sich angesichts seiner **Glaubenskrise** theologisch neu auszurichten, ziehen die Zweifel und Vorbehalte gegenüber Gott Helander noch tiefer in einen Strudel von **Hilflosigkeit**. Gott hält er für unberechenbar, rücksichtslos und höhnisch:

Gott war nicht die feste Burg [...], Gott war ein Spieler, der das Reich den Anderen überließ, wenn es ihm gefiel, und vielleicht würde er es, einer Laune gehorchend, eines Tages wieder einmal den Seinen in die geöffneten Hände werfen. (S. 173)

Helander sieht sich aufgrund seiner Geisteshaltung auf sich selbst zurückgeworfen. Dabei lassen seine spärlichen sozialen

Kontakte seit dem Tod seiner Frau und sein zurückgezogener Lebenswandel ihn immer mehr verzweifeln. Seine **Einsamkeit** wie seine **Ungebundenheit** befähigen ihn aber gleichzeitig auch zu einer absoluten **Freiheit im Handeln**. Er handelt wie jemand, der **nur sich selbst gegenüber zu Rechenschaft verpflichtet** ist. Die Anderen zu überleben ist dabei nicht sein Hauptziel.

Zur Sinnkrise des Pfarrers kommt seine **prekäre gesundheitliche Situation** hinzu. Sein „Verdun-Bein" (S. 31) hat sich entzündet. Schon einmal, kurz nach der Amputation, stand sein Leben auf Messers Schneide, weil die Operationswunde aufgrund seiner Diabetes nur langsam abheilte. Er spürt, dass die erneute Entzündung des Beinstumpfs mittelfristig einem Todesurteil gleichkommt, denn seine Gliedmaße wurde so nahe am Körper abgetrennt, dass eine nochmalige Operation medizinisch unmöglich erscheint (vgl. S. 108). Er hat also bereits zu Beginn des Romans nichts mehr zu verlieren.

Seit die Anderen entdeckt haben, dass seine Kirche im Besitz einer Skulptur des in ihrem Sprachjargon „entarteten" Künstlers Ernst Barlach ist (vgl. S. 34), ist er außerdem in deren Visier geraten. Da der Pfarrer es ablehnt, die Figur herauszugeben, droht ihm die **Verhaftung** (vgl. S. 33 f.). Von allen Romanfiguren weist damit Helander das größte unmittelbare Gefährdungspotenzial auf. Die Plastik in seiner Kirche liefert den dritten Aspekt – neben dem Verlust von Glaube und Gesundheit –, der ihn von Anfang an als einen **Todgeweihten** ausweist.

Die St. Johanniskirche in Rerik: Im Roman birgt der rote Backsteinbau den *Lesenden Klosterschüler*.

Angesichts all dieser Probleme und Bedrohungen befällt Helander von Zeit zu Zeit eine **Todessehnsucht**, die ihn über Selbstmord nachdenken lässt (vgl. S. 114 f., 133 f.). So wie er sich im Klaren darüber ist, dass er unter allen Umständen eine Verhaftung durch die Anderen vereiteln muss, weil er die Folter und die Internierung in einem Konzentrationslager fürchtet, so gewiss ist ihm ein gewaltsamer Tod, sollte er an seinem Plan, den *Lesenden Klosterschüler* betreffend, festhalten. In Erwartung des für ihn entscheidenden Augenblicks, des Abtransports der Figur aus der Kirche um Mitternacht, droht zunächst die **Angst** über seinen Mut zu siegen. Helander eröffnet sich einen **Ausweg**, indem er seinen **Arzt** konsultiert. Insgeheim hofft er, dass dieser ihm die Entscheidung über den weiteren Verlauf der Nacht abnimmt. Tatsächlich spricht der Arzt das ersehnte Urteil: Er möchte den Pfarrer umgehend in die Klinik einweisen. Mit einem Mal könnte sich für Helander alles zum Besten wenden. Sollte der *Klosterschüler* während seines Klinikaufenthaltes verschwinden, könnte man ihn nicht mit der Sache in Verbindung bringen. Sollte die Statue in der Kirche bleiben, wäre er machtlos gegen ihren Abtransport durch die Anderen. Es könnte so einfach sein: „Die höhere Gewalt hatte entschieden: das Klinikbett statt des Martyriums.“ (S. 110)

Doch Helander beugt sich dieser „höheren Gewalt“ nicht, er lehnt den Krankenwagen ab und **stellt sich der Entscheidungssituation:** „Er lachte beinahe, als er erkannte, wie genau sich in ihm Angst und Mut die Waage hielten. Die Schalen standen sich zitternd gegenüber.“ (S. 113 f.) Erleichtert denkt er einerseits an die Vorkehrungen für das Krankenhaus (vgl. S. 111), malt sich die drohenden Befragungen und die Folter durch die Anderen aus (vgl. S. 111 f.) und erörtert die Sinnlosigkeit, sich für einen abwesenden Gott zu opfern, den ein solches Tun unberührt ließe (vgl. S. 112 f.). Andererseits überprüft er noch einmal, warum er trotz allem tätig werden sollte: des *Lesenden Klosterschülers* wegen. Dessen **Bedeutsamkeit** leitet sich aus der Beachtung ab, die die Anderen dem Kunstwerk schenken (vgl. *Interpretationshilfe,* S. 84 f.). Die Rettung der **Holzstatue** hat keinen unmittelbaren Wert an sich, sondern könnte als **Zeichen erfolgreichen Widerstands** gegen die Übermacht der Anderen wirken. Im Gelingen dieses Vorhabens glimmt für Helander auch das letzte Fünkchen Hoffnung, Gott könnte näher sein, als sein Verstand es bislang erkannt hat. „Er dachte: wenn ich den Telefonhörer nicht abnehme, dann ist Gott vielleicht gar nicht so fern, wie ich immer denke." (S. 114) Die Vorstellung von der Rettung als einem **Wunder, das Gottes Nähe offenbart**, ist neben Helanders Glauben an eine Existenz Gottes seine einzige philosophisch positive Überlegung innerhalb des Romans.

An dieser Stelle des Aufkeimens eines theologischen Hoffnungsschimmers übermannen den Pfarrer derart die Schmerzen, dass er erschöpft in eine Serie von Wachträumen sinkt, in denen er erstmals, verschwommen zwar, die Möglichkeit eines **Suizids** erwägt (vgl. S. 115). Als er schließlich wieder erwacht und zu seinen Schmerztabletten greift anstatt zum Telefonhörer, ist seine **Entscheidung für eine aktive Rolle bei der Rettung** des *Klosterschülers* gefallen. Bald erscheint der Selbstmord nicht mehr als ein möglicher Ausweg aus seiner Misere: „Gott hat recht, mir diese Antwort zu verbieten, dachte er, so leicht soll man es dem Bösen nicht machen. Ich werde es dem Bösen so schwer machen wie möglich, indem ich dableibe." (S. 134) Vor Ort zu bleiben und dennoch die drohende Inhaftierung und deren Folgen abzuwenden, bedeutet, ohne dass Helander diesen Gedanken hier bereits explizit ausspricht, dafür zu sorgen, dass die Anderen ihn erschießen, nicht verhaften. Dazu muss er seinen Widersachern einen ausreichenden Grund liefern, das Feuer auf ihn zu eröffnen: Er wird zuerst zur Waffe greifen müssen.

Die gedankliche Spiralbewegung Helanders erreicht im vorletzten Kapitel des Romans schließlich ihren **Höhepunkt**. Der

Klosterschüler ist in sicherer Ferne. Helander wartet unter Schmerzen auf die Schergen, die am frühen Morgen eintreffen werden. Medikamentös bedingte Wachträume lassen die beiden **Albträume** wieder aufleben, die ihn seit Jahrzehnten heimsuchen. Diese Träume (vgl. S. 168) sind Ausdruck der von ihm empfundenen **spirituellen Trostlosigkeit** und der **Leere seines Denkens**. Weder sein Studium von Sigmund Freuds Traumdeutung noch sein Glaube haben ihm je Antworten auf diese Träume gegeben (vgl. S. 169). Den von der erfolgreichen Mission zurückkehrenden Gregor beneidet Helander darum, dass dieser durch sein uneigennütziges Engagement der ihn umgebenden **Sinnlosigkeit** „wenigstens für Augenblicke" (S. 171) Einhalt gebieten konnte – während er selbst noch immer mit seinem höhnisch abwesenden Gott hadert.

Bis zum Eintreffen der Anderen bemüht sich Helander schließlich um eine **stichhaltige Rechtfertigung für** den geplanten **Mordanschlag**. Sein erster Rechtfertigungsversuch, „Ich werde töten, um Gott zu züchtigen" (S. 174), erscheint ihm bald selbst abwegig. Sein zweiter und letzter klingt nicht weniger haltlos:

> *Er hatte sich entschlossen, zu schießen, weil die Salve aus seiner Trommelpistole die Starre und Trostlosigkeit der Welt durchbrechen würde. In den Feuerstößen aus seiner Pistole würde die Welt für die Dauer von Sekundenbruchteilen lebendig werden. Wie dumm von mir, dachte der Pfarrer, zu denken, ich schösse, um Gott zu züchtigen. Gott läßt mich schießen, weil er das Leben liebt.* (S. 175 f.)

Der Wert des Lebens ist dem Christentum heilig und der menschliche Eingriff in Gottes Schöpfung Frevel. Ein Mordanschlag ist mit dem christlichen Grundsatz der Nächstenliebe nicht zu vereinen. Der Gedanke, Gott erlaube das Töten um des Lebens willen, ist an **Absurdität** nicht zu überbieten.

Helander bleibt bis zum Ende ein **Suchender**. Dieses Motiv kleidet der Autor in eine Metaphorik, die die Brücke vom ersten

Auftritt des Pfarrers innerhalb des Romans bis hin zu seinem letzten schlägt. Zu Beginn heißt es hierzu:

> *Dreißigtausend Ziegel als nackte Tafel ohne Perspektive, […] sein jahrzehntelanges Gegenüber, die Tafel, auf der die Schrift nicht erschien, auf die er wartete, so daß er sie mit seinen eigenen Fingern bemalte, das Geschriebene immer wieder auswischte, neue Worte, neue Zeichen schrieb.* (S. 11 f.)

Helanders lebenslange Suche nach heilsgeschichtlicher Gewissheit gipfelt in der unstillbaren **Sehnsucht** nach einer greifbaren **Offenbarung Gottes**. Im endlosen Beschreiben der Wand wie im permanenten Auslöschen dieser Schrift gleicht Helanders Handlung der des **Sisyphos**, der unaufhörlich einen Stein bergauf rollt, ohne verhindern zu können, dass er kurz vor dem Ziel wieder hinabrollt. Sisyphos gilt in der Literatur einerseits als Synonym für die Vergeblichkeit menschlichen Handelns, andererseits aber auch als Inbegriff menschlichen Aufbegehrens gegen eben die Absurdität des Seins, die daraus resultiert. Doch am Ende **durchbricht der Roman diese Sinnlosigkeit:** Im Augenblick des Todes enthüllt sich Helander, worauf er ein Leben lang gewartet hat: „[W]ährend er die Schrift las, spürte er kaum, wie das Feuer in ihn eindrang, er dachte nur, ich bin lebendig, als die kleinen heißen Feuer in ihm brannten." (S. 176) Die Botschaft auf der Wand enthält der Erzähler dem Leser vor. Ob Helander sich im Augenblick des Todes im christlichen Sinne dem wahren Leben nahe wähnt oder ob sich seine nihilistischen Erkenntnisse bestätigen, bleibt offen und Gegenstand der Interpretation.

Helanders Name leitet sich vom althochdeutschen Wort *heilant* (= Heiland) ab. Sein Bangen und Abwägen (vgl. S. 108–115, 167–176) spielt auf **Jesu Harren auf seine Verhaftung** auf dem Ölberg an. In Anderschs Roman steht jedoch nicht so sehr der individuelle Entscheidungsprozess eines Menschen (Jesus/Helander) in einer konkreten Extremsituation (die Gewissheit von Folter und Hinrichtung) im Vordergrund. Es geht vielmehr um die generelle Frage nach der **existenziellen Entscheidungsfreiheit des Einzelnen**, d. h. um die Frage, in welchen Momenten und unter welchen Bedingungen sich ein Mensch gegenüber lebensbedrohlichen totalitären Einflüssen überhaupt noch behaupten kann.

Judith

> *Und seit ein paar Jahren weiß ich, daß ich eine Jüdin bin. Früher dachte ich, ich sei eine Deutsche. Aber da war ich noch ein Kind. Seitdem hat man mich zu einer Jüdin gemacht.* (S. 123)

Sieht man von Judith Levins jüdischem Namen und von ihrem nicht-arischen Stammbaum ab, so entsprechen die Lebensumstände der **jungen Dame aus dem Hamburger Villenviertel** an der Leinpfadstraße (vgl. S. 21) denen der gebildeten deutschen Oberschicht des Jahres 1937. Sie spielt Tennis (vgl. S. 126), in den 1930er-Jahren der Sport der Elite, um die Familienfinanzen kümmert sich Bankier Heise (vgl. S. 22), in ihrem Salon hängt ein Originalgemälde des französischen Impressionisten Edgar Degas (vgl. S. 119), Ernst Barlach und sein Werk sind ihr schließlich auch vertraut (vgl. S. 128). Allerdings tritt Judith in Rerik nicht als eine verwöhnte Tochter aus gutem Hause auf, vielmehr als ein **schüchternes, naives Mädchen**, das **nicht allzu selbstständig** ist. Des Wohlstands ihrer Familie ist sie sich nicht recht bewusst, denn sie glaubt, „man hatte niemals Aufwand getrieben“ (S. 119) – wogegen Gregor ihr förmlich an der Nasenspitze abliest, dass sie

Eine hübsche junge Frau aus gutem Hause – doch plötzlich findet sich Judith auf der Flucht wieder.

über größere Geldmittel verfügt (vgl. S. 119). Der **Suizid der Mutter** hat sie völlig aus der Bahn geworfen und entwurzelt. Da sich Judith weigert, die Mutter zu verlassen und alleine ins Ausland zu fliehen, inszeniert ihre Mutter den eigenen Tod so (vgl. S. 21 f.), dass Judith fliehen muss, um nicht selbst des Mordes verdächtigt zu werden. „Im Auftrag einer toten Mutter" (S. 119) befindet sie sich auf der Flucht: „[D]u mußt es in Rerik versuchen, das ist ein toter kleiner Platz, an den denkt niemand." (S. 20)

Wie wohlbehütet und naiv Judith ist, wird an der **Arglosigkeit** sichtbar, mit der sie vor Ort ihre Fluchtpläne in die Tat umzusetzen versucht. Ihre Vorstellungen von möglichen Helfershelfern speisen sich aus **romantisch-literarischen Quellen**.

Sie hat sich unter falschem Namen als „Judith Leffing" in das Gästebuch des ‚Wappens von Wismar' eingetragen (vgl. S. 23). Dass sie „ausländisch" (S. 41) aussieht, begründet sie damit, Halbitalienerin zu sein. Der schmierige **Wirt**, auf dessen Bitte, sich auszuweisen, sie nicht recht zu reagieren weiß, erscheint ihr zunächst als „großer, weißer, fetter Chinese" (S. 40). Es handelt sich um eine Anspielung auf Theodor Fontanes Roman *Effi Briest*, in dem die siebzehnjährige Effi Angstvorstellungen umtreiben, in denen sie von einem rätselhaften Chinesen heimgesucht wird, der in Kessin, einem verschlafenen Nest wie Rerik, gelebt haben soll. Alsbald verknüpft Judith den Wirt mit dem Märchenmotiv von der Schönen und dem Biest, das etwa aus dem Volksmärchen *Der Froschkönig* bekannt ist: „Vielleicht war es immer auf Fluchten so, daß das flüchtende Mädchen sich einem Scheusal hingeben mußte" (S. 75). Als sie dem Wirt das nächste Mal begegnet, schließt sie eine derartige Option allerdings sofort wieder aus. An dem Wirt erscheint ihr „alles […] nur garstig, alles, alles alles" (S. 83).

Ihre Vorstellung von **Marineoffizieren** scheint ebenfalls eher der Belletristik oder der bildenden Kunst entlehnt als der Wirklichkeit:

> *[I]n ihrer Vorstellung tauchte das Bild eleganter, blaugekleideter Seeoffiziere auf, mit goldenen Streifen an den Ärmeln, ein schmissiges Plakat von Herren, Kavalieren mit intakten Ehrbegriffen, schweigend bereit, den Schutz einer Dame zu übernehmen.* (S. 71)

Der kleine schwedische Dampfer aber, der am Hafenkai anlegt, zeichnet ein völlig gegensätzliches Bild. Er macht einen schäbigen Eindruck, der Rost ist lieblos mit Mennige bemalt. Mannschaft und Offiziere sind auf den ersten Blick nicht zu unterscheiden, schnurstracks begeben sich alle außer der Deckwache in die Gaststätte, um sich dort zu betrinken (vgl. S. 70 ff.). Solchen Leuten Geld für eine Überfahrt anzubieten, überfordert Judith bereits, als sie nur darüber nachdenkt (vgl. S. 71).

Ihre **Unsicherheit** und **Unwissenheit** äußern sich überdies darin, dass sie das Gefahrenpotenzial, das sie auf der Hafenpromenade umgibt, falsch einschätzt. Beim Anblick zweier argloser Landespolizisten erschrickt sie. Die Einheimischen, die so tun, als nähmen sie Judith gar nicht wahr, stuft sie dagegen als harmlos ein und übersieht dabei, wie gefährlich ihr ein Denunziant werden könnte (vgl. S. 71).

Da sie sich nicht anders zu helfen weiß, prüft sie, zurück im Gasthaus, noch einmal **verzweifelt** die beiden **Fluchtmöglichkeiten** – „de[n] böse[n] Wirt" oder „die schwedischen Matrosen" (S. 76) – auf ihre Tauglichkeit. Die schmissigen Seeoffiziere, die ihr „lieber wären" (S. 76), verkehren sich jedoch zu niederen Matrosen und wenig später besetzt Judith genau die Rolle, die ihr die Fantasien der **alkoholisierten Männer** zuschreiben. Sie geht, um eine Schlägerei und damit eine etwaige Aufnahme ihrer Personalien durch die Polizei zu vermeiden, auf das Angebot des jungen Steuermanns ein, der sie auf ein Glas Whisky an Bord des Dampfers einlädt. In den Augen der Seeleute wie des Wirts wird sie dadurch zum „Flittchen" (S. 87). Als der Matrose draußen die grobe Haltung des Wirts verurteilt, maßt sich

Judith ebenfalls ein abschätziges Urteil über ihn an. Schon einen Moment später aber **erschrickt sie über ihren eigenen Ton**, der zu der Rolle passt, die die anderen ihr aufgezwungen haben: „Himmel, dachte sie fast staunend, das ist eine Erklärung wie von einer Hafendirne“ (S. 89). Nachdem auf dem Schiff aber auch der junge Steuermann Probleme mit seiner Rolle hat – sein Verhalten schwankt zwischen charakterlicher bzw. altersbedingter Schüchternheit und der herablassenden Art eines maskulinen Raubeins –, findet Judith schnell und sicher **zu ihrer angestammten Rolle zurück:** „Sie wurde auf einmal wieder, was sie war: eine junge Dame aus einer Hamburger Villa.“ (S. 91) Mit **überlegenem, schallendem Gelächter** degradiert sie den jungen Schweden zu einem „unreifen, verständnislosen, peinlich berührten“ (S. 92) Möchtegern-Casanova.

Das **Schicksalhafte** der **Begegnung mit Gregor**, der ihre aussichtslose Lage scharfsinnig auf den Punkt bringt, begreift Judith erst allmählich. Zu sehr übereilen sich die Ereignisse. Mit einem Mal tut sich eine **unerwartete Fluchtperspektive** auf: Judith wird als „Draufgabe“ (S. 128) auf einen bestehenden Rettungsplan geschnürt. Ihr **Vertrauen** gewinnt Gregor durch sein Verständnis für ihre Not, als sie das einzig verbliebene Andenken an ihre Mutter, ein Foto, im Gasthaus liegen lassen muss, um sich nicht zu gefährden.

Mit Gregors Schlüssel zur **Kirche** eröffnet sich Judith ein Raum, den sie mit „Schutz“ (S. 123) assoziiert. Sie hält Gregor zunächst für einen Kirchenaktivisten, der sich der Hilfe Verfolgter verpflichtet hat. Hier wird erneut deutlich, wie **naiv** Judith ist. Sie hält es tatsächlich für möglich, dass die Kirche die Rettung von Verfolgten organisiert betreibt – das Gegenteil ist der Fall. Auch glaubt sie, dass ihre Retter es als positiv empfinden könnten, dass sie getauft ist – ein weiterer Irrtum.

Gregor unterlässt es, Judith über seine Person aufzuklären. Er eröffnet ihr lediglich den Rettungsplan sowie die darin noch enthaltenen Unsicherheitsfaktoren (vgl. S. 127 f.). Die brüske, nüchterne Art, in der Gregor die **untergeordnete Rolle** Judiths bei der ganzen Sache darstellt, bringt ihre Frage auf den Plan, ob er ihr nicht helfen würde, wenn es die Figur nicht gäbe (vgl. S. 128). Während Gregor die Antwort hinauszögert, kommen die beiden sich ganz nahe, die **klassische „Verführungsszene"** (S. 129) bahnt sich an. Was Judith dabei denkt, bleibt offen, da der Erzähler sich ausschließlich den Gedankengängen Gregors widmet, der wiederum Judith kühles Taktieren unterstellt: „[...] sie hat einen todsicheren Instinkt, sie weiß, daß ein Mann erst dann schützt, wenn er liebt, und daß eine Frau ihr Leben nur zusammen mit ihrem Körper dem Schutz ausliefern darf" (S. 129). Zu der Kussszene, die im Raum steht, kommt es nicht, da Helanders Eintreffen die Intimität der beiden unterbricht. Auch später, als sie im Beiboot zu Knudsen rudern und Gregor das Gespräch auf diesen Augenblick lenkt, bleibt offen, wie Judith dazu steht:

> *[...] ich habe Sie beschimpft, aber ich bedaure, Sie nicht geküßt zu haben.*
> *Ja, sagte sie, es war schade.*
> *Ich habe alles falsch gemacht, sagte er.*
> *Nein, erwiderte Judith, Sie retten mich doch.* (S. 145)

Weder das lapidare „schade" noch ihr vager Nachsatz am Ende geben Aufschluss über Judiths Haltung zu Gregor. Vermutlich aber sieht sie keinen spiegelbildlichen Zusammenhang zwischen männlicher Tat und weiblichem Gefühl, wie Gregor ihr insgeheim unterstellt (vgl. S. 129). Vielmehr ist anzunehmen, dass für Judith das eine, ihre Rettung, in dem **menschlichen Grundbedürfnis nach ethischem Handeln** gründet; das andere hingegen, die Hingabe an ihren Retter, ist unabhängig von dessen beschützender Tat.

Diese Haltung Judiths bestätigt sich in ihrem Urteil darüber, wie Gregor am Strand der Lotseninsel mit Knudsen umgeht. Ihretwegen soll Knudsen nicht zu einem Risiko gezwungen werden, das er nicht zu tragen wagt (vgl. S. 155 f.). Sie verbittet es sich ausdrücklich, dass Gregor sich den Kutter gegen Knudsens Willen aneignet (vgl. S. 159). Und schließlich sorgen wohl auch ihre mahnenden Worte dem Jungen gegenüber dafür, dass sich die Gefahr, in die sich Knudsen ihretwegen begeben hat, deutlich minimiert (vgl. S. 165 f.). Diese **Uneigennützigkeit** und **untadelige Haltung** lebt Judith auch im Augenblick höchster Not, da ihre Rettung auf Messers Schneide steht, den sich prügelnden Widersachern vor und beeinflusst damit wohl den Sinneswandel Knudsens genauso nachhaltig wie Gregors Standhaftigkeit.

Gregor

War der tote Punkt der Ort, von dem aus man sein Leben ändern konnte? (S. 47)

Gregor ist ein unauffälliger, schlanker, mäßig großer junger Mann mit schwarzem Haar und grauem Anzug (vgl. S. 74), der **inkognito** mit dem Fahrrad **umherreist**. Er stellt sich, wenn überhaupt, nur mit einem fiktiven Vornamen vor: „Ich habe keinen Namen. Aber Sie können mich Gregor nennen." (S. 61) Er besitzt „tadellos gefälschte Papiere" und „genügend Geld, um es noch eine Weile auszuhalten" (S. 73 f.). Der Name ‚Gregor' hat sich unter den Genossen an der Ostsee herumgesprochen. Knudsen etwa ist der Deckname geläufig (vgl. S. 61).

Gregor ist im Auftrag des Zentralkomitees, d. h. des inneren Führungsgremiums der von den Anderen **verbotenen kommunistischen Partei**, unterwegs, um ein neues „Fünfergruppensystem" (S. 53) zu installieren. Durch die Kleingruppen aus je fünf Parteimitgliedern soll einer völligen Zerschlagung der Partei durch die Anderen vorgebeugt werden. Dieser **Auftrag** führt Gregor nach Rerik. Er nimmt ihn allerdings nur noch **halbherzig** wahr, denn längst ist er in eigener Mission zur Küste unterwegs: „Konnte man von hier fliehen?" (S. 47) Der **beständigen existenziellen Bedrohung**, der er sich als Instrukteur einer verbotenen Partei auf seinen Reisen aussetzt, sieht Gregor sich kaum mehr gewachsen, weil er nicht mehr hinter dem steht, was er tut: „Ich will nicht Angst haben, weil ich Aufträge ausführen muß, an die ich ... Er fügte nicht hinzu: nicht mehr glaube." (S. 46) Den Glauben an seine Partei hat er schon lange verloren.

Als Student an der Moskauer Leninakademie, der Eliteuniversität für den Parteinachwuchs, hat man ihn zunächst erfolgreich einer **ideologischen Gehirnwäsche** unterzogen. Hier hat er mit der Annahme eines neuen Namens, „Grigorij" (russ. für ‚Gregor', S. 27), zugleich seine alte Identität abgelegt. Er hat des Weiteren gelernt, seine **Gefühle hintanzustellen**. Das Ausschalten der Leidenschaften gilt der Partei als Garant des eigenen „Vorteils" (S. 139). Emotionales Unbeteiligtsein bedeutet eine „Überlegenheit des Abstands" (S. 139), die für Objektivität in Entscheidungssituationen sorgt und unnötige Gefühlsduseleien verhindert. Gregor aber erkennt das **Menschenverachtende einer Ideologie**, die ihren Anhängern abverlangt, die eigenen Bedürfnisse wie z. B. Mitmenschlichkeit dem Diktat der Partei unterzuordnen.

Zwei **Schlüsselerlebnisse** haben ihn diese Lektion schmerzhaft gelehrt. Sein eigentlicher „Verrat" (S. 27) findet zunächst auf einer **symbolischen Ebene** statt. Als Beobachter begleitet er die Rote Armee bei einem Manöver am Schwarzen Meer. Während sich die Genossen über ihren strategischen Erfolg bei der simulierten Einnahme der Stadt Tarasovka freuen, brennt sich Gregor der goldene Schimmer der Schwarzmeerküste im Licht der Abenddämmerung als das bedeutendere Erlebnis ins Gedächtnis ein (vgl. S. 26 f.). Der Anblick verdeutlicht ihm, dass die Perspektive der Partei bei Weitem nicht alle Facetten der Wirklichkeit und ihre Bedeutungen erfasst. Für sie gibt es „keine goldenen Schilde", sondern nur „eine Stadt, die zu erobern" ist (S. 27). Durch seine **Fähigkeit zu einem zweiten, tieferen Blick** auf die Dinge ahnt Gregor, noch bevor er in Rerik ankommt, dass er von dort aus nicht fliehen können wird. Wenig später wird ihm seine Vorahnung zu einer Gewissheit, die das Ende des Romans bestätigt: „Die Partei in Rerik würde einen Instrukteur des Zentralkomitees nicht unter ihren Augen desertieren lassen." (S. 47)

Ein zweites Ereignis ist für Gregor nicht weniger einschneidend. Während er sich am Ort des Manövers aufhält, wird seine **Geliebte Franziska** Opfer einer der berüchtigten Säuberungsaktionen der Partei (vgl. S. 129 f.). Die junge Frau bleibt spurlos verschwunden. Gewissheit über ihr Schicksal erhält er keine, er kann nur aus einer nebulösen Andeutung von einem seiner Lehrer die notwendigen Schlüsse ziehen (vgl. S. 130). Von da an stellt Gregor sein Bedürfnis, „auf der Hut zu sein" (S. 130), derart in den Vordergrund, dass er – allerdings aus anderen Motiven als die Partei – seinen Gefühlen denselben **Argwohn** entgegenbringt wie seinen Mitmenschen. Er igelt sich, bildlich gesprochen, ein und schützt sein verletzliches Inneres durch Stacheln. Das wird vor allem an den Schwierigkeiten deutlich, die ihm seine Gefühle für Judith bereiten.

So wie er nach dem Tarasovka-Erlebnis und dem Verschwinden Franziskas seine Studien in Moskau nur noch „**mechanisch**" (S. 130) abschließt, so führt er seit seiner Rückkehr von dort auch seine Parteiaufträge nur noch **halbherzig** aus: „Die Genossen im Zentralkomitee waren nicht mit ihm zufrieden. Sie fanden, er sei flau geworden." (S. 28) Das existenzielle Problem, mit dem Gregor in Rerik anreist, besteht darin, dass es ihm noch immer **nicht gelungen** ist, sich nachhaltig **von der Partei zu emanzipieren**. Stattdessen hat er sich angewöhnt, wie der Schatten seiner selbst aufzutreten. Die **Unauffälligkeit** seiner äußeren Erscheinung ist die Maske, hinter der er sich verbirgt: „Er wußte, daß er unauffällig aussah, [...] ein Mann, wie es ihn überall gab." (S. 74) Im Mausgrau seines Anzugs wirkt er wie das fleischgewordene Klischee von Tristesse und Langeweile. Die ständige Lebensgefahr, in der er sich befindet, hat ihn mit der Rolle des

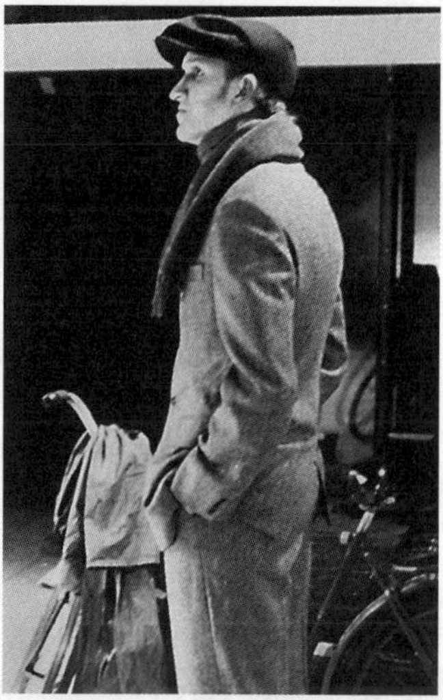

Gregor, der abtrünnige KPD-Funktionär, ist ein guter Beobachter. (Foto: Aufführung in Hamburg, 1999)

Allerweltsmanns verschmelzen lassen, die ihm **Sicherheit** gibt. Wenn er sich zwischen Menschen bewegt, ist Gregor äußerst wachsam. Er mustert seine Kontakte „wie ein aufmerksamer grauer Vogel" (S. 74), unauffällig beiläufig, zugleich mit der gebotenen Distanz. Wie sicher sich Gregor auf seine **präzise Beobachtungsgabe** verlassen kann, wird im Roman mehrfach deutlich. Beim Eintreffen des schwedischen Dampfers im Hafen von Rerik etwa heißt es, dass er „unter hundert Leuten mit unfehlbarer Sicherheit" (S. 72) einen Spitzel herausfinden würde. Dem beunruhigten Helander gibt er instinktsicher zu verstehen, dass Knudsen die Figur nach Schweden bringen wird (vgl. S. 66). Selbst in Situationen mit Judith, in denen er emotional betroffen ist, lenkt er seinen **analytischen Blick** auf die Außenperspektive eines Unbeteiligten: „Es ist eine Verführungsszene" (S. 129).

Hier zeigt sich zugleich Gregors **persönliches Dilemma:** Intuitives Handeln, etwa Judith zu küssen, gesteht er sich nicht zu. Die vielen Jahre der Parteiarbeit haben ihn gelehrt, dass die **uneigennützigen Handlungsmotive** absoluten **Vorrang** vor den eigennützigen haben (vgl. S. 139). Dabei hat Gregor verlernt, seinen persönlichen Einsatz zu hinterfragen – etwa sein Handeln zugunsten des *Lesenden Klosterschülers* oder Judiths –, und läuft dadurch **Gefahr, selbst auf der Strecke zu bleiben:** Er riskiert, verhaftet zu werden und eine große Liebe zu verkennen: „[M]an kann alles richtig machen und dabei das Wichtigste versäumen."

(S. 145) Als Gregor dies am Ende in Bezug auf Judith bewusst wird, ist er trotzdem nicht bereit, den heiklen Rettungsplan zugunsten seiner Gefühle aufs Spiel zu setzen. Noch zählt für ihn sein Auftrag mehr als seine Selbstliebe. Auf der **Kehrseite** dieser **aufopfernden Haltung** steht allerdings auch Gregors beißender Spott, mit dem er Judith ihre soziale Herkunft aus einer Gesellschaftsschicht vorhält, die ihm aus ideologischer Sicht zuwider ist. Ebenso wenig kann Gregor umhin, Judith spüren zu lassen, dass sie eben nicht Franziska ist, seine geistig Verwandte und einstige Geliebte, deren Rettung ihm versagt geblieben ist. Neben Gregors Uneigennützigkeit tragen auch diese Aspekte dazu bei, dass er sein wiederentdecktes Gefühlsleben nicht angemessen einschätzt und gebührend beachtet.

Innerlich hat Gregor schon lange mit der Partei abgeschlossen, ist im Geiste bereits ausgestiegen. Dennoch fragt er sich zweifelnd, wie sich die Schritte von seinem bislang **fremdbestimmten Tun** hin zu **selbstbestimmter Handlungsfreiheit** vollziehen werden. Obwohl er die Antwort auf die eigene Frage, „konnte man ohne einen Auftrag leben?" (S. 47), im Grunde längst kennt, findet er Gewissheit über die Stimmigkeit seiner Antwort erst in dem Moment, da er den *Lesenden Klosterschüler* eingehend studiert. Er sieht sich zunächst durch die Plastik in seine Moskauer Studienzeit versetzt, nur um bald darauf die Differenz zwischen der **Botschaft der Skulptur** und seinem eigenen Werdegang zu entdecken: „Er ist anders, dachte Gregor, er ist ganz anders. Er ist leichter, als wir waren, vogelgleicher." (S. 49) Der Text schlägt hier eine Brücke zwischen Gregors Vergangenheit und seiner Zukunft. Die Fähigkeit, **anders zu sein**, hat der junge Mann in Tarasovka entdeckt, aber noch nicht in seinem Leben umgesetzt. Mithilfe des kleinen Mönchs aber gelingt es ihm schließlich, sich dieses Anderssein, die Vogelgleichheit (vgl. S. 74) und Leichtigkeit zu eigen zu machen: „Ich habe einen gesehen, der ohne Auftrag lebt. Einen, der lesen kann und dennoch aufstehen und fortgehen." (S. 49) Die Plastik wird Gregor zum wegweisenden **Leitbild**. Dank ihr schafft er es, sich von den institutionellen Verbindlichkeiten seiner Partei und ihrer Vereinnahmung zu emanzipieren. Der *Lesende Klosterschüler* weist ihm den Weg zu der individuellen Freiheit, zu entscheiden, das eine zu tun und das andere zu lassen. Indem Gregor lernt, eigenständig unter verschiedenen Möglichkeiten die für ihn richtige zu wählen, findet er endlich zu sich selbst und zu der ihm bestimmten Aufgabe, an die er glaubt: „Der leere Tag hatte sich gefüllt." (S. 74)

Die **selbst gesteckten Ziele stiften** mit einem Mal **Sinn** in Gregors Leben. Sie erfüllen ihn mit einer Begeisterung, wie er sie lange nicht gekannt hat: „Eine neue Taktik ist etwas Wunderbares. Sie ändert alles." (S. 66) Mit dieser Leidenschaft steckt er zunächst Helander förmlich an und verleitet später den Jungen und schließlich Knudsen dazu, das Ihrige zum Gelingen der Rettungsaktion beizutragen. **Gregors Leistung** besteht darin, dass es ihm gelingt, die **Handlungen** aller Beteiligten **zu bündeln**, ohne dabei deren individuelle Entscheidungsfreiheit zu untergraben (vgl. S. 101).

Im Prozess seines Sinneswandels wird Gregor bewusst, dass es Vorsehung gewesen sein muss, mit anderen Worten der Zufall, an den die Partei nicht glaubt (vgl. S. 149), der ihn in Rerik mit Knudsen, der Skulptur, Helanders Rettungsplan und Judith zusammengeführt hat. In diesem **schicksalhaften Aufeinandertreffen** erkennt Gregor das Potenzial dessen, **was sein könnte**. Das bedeutet, er sieht in dem Knäuel aus gegenläufigen Aktionslinien eine **Vielzahl möglicher Entscheidungen**, in denen er den Urgrund menschlicher (Handlungs-)Freiheit entdeckt.

Knudsen

Aber nur einer konnte das Netz auswerfen: Knudsen. (S. 77)

Heinrich Knudsen ist **Küstenfischer** mit eigenem Kutter. Den Jungen des verstorbenen Hinrich Mahlmann hat er als Lehrjungen unter seine Fittiche genommen. Er selbst lebt kinderlos mit seiner vierzigjährigen Frau Bertha in einem kleinen Haus mit winzigem Garten und Kaninchenstall. Er ist mittleren Alters und von kräftiger, muskulöser Statur (vgl. S. 157). Im Umgang mit anderen stößt er sein Gegenüber bisweilen durch seine **unverstellte Direktheit** vor den Kopf. Knudsen macht zwar weder sich noch anderen etwas vor, trägt aber seine Befindlichkeiten nicht auf der Zunge, sondern **behält seine Gedanken lieber für sich**. Meist beschränken sich seine Wortwechsel auf das Nötigste, wodurch er äußerst **barsch und hart** wirkt. Diese Wesenszüge haben sich auch physiognomisch in sein Gesicht eingegraben:

> *[...] Gregor konnte sehen, daß es hart und flächig war, die Nase stach nicht besonders hervor, es war ein braunes, bartstoppeliges, wettergegerbtes Fischergesicht unter schon grau gewordenen Haaren, nichts leuchtete in diesem einfachen Gesicht, nicht einmal die Augen; sie waren klein und scharf und blau, aber sie leuchteten nicht [...].* (S. 54)

Hinter der harten Schale, die hier beschrieben wird, schlummert ein **sensibler Kern**. Knudsen besitzt **zwei wunde Punkte**, die ihn verletzlich erscheinen lassen: seine Frau und seine Funktion als Ortsvorstand der Partei.

Berthas Marotte, immer denselben Witz zu erzählen (vgl. S. 16), verweist auf ihre **geistige Verwirrtheit**. Sie ist blond, sanft und hübsch (vgl. S. 16). Knudsen liebt sie über alles. Er bangt darum, wie lange er sie noch vor den Klauen der Anderen schützen kann. Schon einmal hat er die Einlieferung in eine Anstalt verhindert, wo ihr medikamentöser Missbrauch oder gar der Tod drohen (vgl. S. 16). Darüber hinaus hegt Knudsen den Ver-

dacht, bdass **die Anderen Bertha instrumentalisieren** und nur so lange in Frieden lassen, wie er seine politischen Aktivitäten ruhen lässt (vgl. S. 17 und *Interpretationshilfe*, S. 71 f.). Von Verhaftungen wird abgesehen, solange sich die örtlichen Parteimitglieder passiv verhalten: „Die Anderen mußten sich darauf verlassen können, daß nicht mehr über die Partei gesprochen wurde. Wenn nicht mehr über sie gesprochen wurde, gab es die Partei nicht mehr." (S. 18)

Knudsens Parteifreunde halten sich strikt daran: Man spricht miteinander, wenn man sich zufällig trifft, aber nicht über Politik. Für Knudsen stellt sich die Lage allerdings wesentlich komplexer dar. Er sehnt sich auf der einen Seite danach, den bestehenden Bedrohungen zu entkommen. Dazu aber muss er jedes weitere **politische Engagement ruhen lassen:** „Dann gab es für Knudsen wie für alle anderen nur noch die Dorsche und die Heringe. Und Bertha." (S. 18) Alles könnte so einfach sein. „Nach den Regeln der Partei kannte der Instrukteur Knudsen nicht." (S. 18) Die gegenseitige Wahrung der Anonymität dient dem Schutz des Einzelnen. Wäre Knudsen in aller Frühe mit den anderen zum Dorschfang ausgelaufen, wäre das anberaumte konspirative Treffen mit Gregor bereits geplatzt und er hätte für lange Zeit Ruhe. Dem steht sein **jahrelanges Eintreten für die kommunistischen Ideale** entgegen (vgl. S. 18). Bis zum vereinbarten Treffen ist Knudsen innerlich noch nicht bereit, einen Schlussstrich unter seine politischen Aktivitäten zu ziehen.

So kommt es, dass Knudsen mit **Gregor** auf jemanden trifft, der ihm auf den Kopf zusagt, was in seinem Inneren vorgeht und ihn quält. Es ist die Gewissheit, den **Verrat an der Partei** schon längst vollzogen zu haben: „Es ist kein Unterschied zwischen uns, sagte Gregor. […] zwischen zweien, die kneifen wollen, ist keiner." (S. 57) Diese Feststellung aus dem Mund eines bekennenden Deserteurs, noch dazu eines Verräters aus dem Dunstkreis der zentralen Führungsebene der Partei, erscheint Knudsen als derart anmaßend, dass er all seinen aufgestauten **Ärger und Hass** auf Gregor projiziert, einen „heuchlerische[n]" Hass, wie Helander bemerkt (vgl. S. 65). Noch erträgt es Knudsen nicht, seinen Verrat offen auszusprechen, auch wenn er sich wenig später insgeheim auf eine Ebene mit Gregor stellt, als er resümiert, Helander habe seine Kirche „zwei Deserteuren zur Verfügung gestellt" (S. 63).

Helander ist neben Gregor der Zweite innerhalb des Romans, dem sich Knudsen in Form einer für ihn selbst unerklärlichen **Hassliebe** zugetan fühlt. Ihr Verhältnis spielt auf den zur Entstehungszeit von Anderschs Roman populären Stoff um den norditalienischen Priester Don Camillo und seinen kommunistischen Widersacher, den Bürgermeister Peppone, an.[7] Nur wird bei Andersch die Sprengkraft der Thematik nicht in der Komödie aufgehoben, sondern entfaltet sich im Tragischen. Wie die Vorgenannten **respektieren sich** Helander und Knudsen **als Mitmenschen**, während sie ihre jeweiligen Weltanschauungen gegenseitig aufs Schärfste verurteilen und sich die **Unvereinbarkeit ihrer Ansichten** verbal provokant an die Köpfe werfen: Bei ihrem letzten Gespräch, vier Jahre zuvor, schimpfte der Pfarrer Knudsen einen „roten Hund", dem es bald „an den Kragen" gehe; Knudsen seinerseits warnte Helander, dass ihm bald sein „Verdun-Bein" nichts mehr nützen werde (vgl. S. 31). Es ist eine Ironie des Schicksals, dass es später nicht Knudsen ist, der auf die von Helander in diesem Gespräch angebotene Hilfe eingeht. Vielmehr ist es umgekehrt der Pfarrer selbst, der Knudsen nun um **Unterstützung** bittet: Er soll ihm helfen, den *Klosterschüler* nach Schweden zu bringen. Knudsen aber wimmelt ab und schiebt persönliche wie ideologische Argumente vor, die allerdings alle nicht seine wahren Gründe aufdecken:

> *Seit Jahren tue ich nichts mehr für die Partei, brach Knudsen aus. Das ist es doch! Es gibt sie gar nicht mehr, die Partei. Und da verlangen Sie, ich soll etwas für Ihre Kirche tun? [...] Gehen Sie weg, Herr Pfarrer! Lassen Sie mich allein!*
> *Das war es also. Helander begriff plötzlich Knudsens Weigerung. Seinen Haß gegen die Partei, weil sie versagt hatte. Sein schlechtes Gewissen, weil er nun die Partei haßte. Es ist so ähnlich wie mit mir und der Kirche, dachte er.* (S. 36)

Mit einem Mal ist sich das ungleiche Paar von Pfarrer und Fischer so nah wie vorher die beiden Parteifreunde Gregor und Knudsen, die sich gedanklich von ihren einstigen Idealen losgesagt haben. Diese Erkenntnis von **Gemeinsamkeiten** bleibt jedoch zunächst unausgesprochen, verschüttet unter einem Wust ideologischer Vorurteile, rhetorischer Spitzfindigkeiten und fehlender Kritikfähigkeit. Zumindest aber lehnt Knudsen seine Hilfe gegenüber Helander nicht ausdrücklich ab.

Wenig später ergeht es Gregor ähnlich wie Helander. Auch er trifft in seinen Bemühungen, Knudsen zum Mittun zu bewegen, einen wunden Punkt des Fischers. Er fordert in seiner Überredungsstrategie Knudsens **politische Solidarität** ein: „Es ist Parteibefehl." (S. 64) Doch wie sich Helander von seinem Gott entfremdet hat, hat sich Knudsen von der Partei entfernt, die er nur noch aus der Ferne erlebt und die den Menschen vor Ort keine Hilfe mehr zukommen lässt. Knudsen hat sich **von der Verein-**

nahmung seiner Person durch eine abwesende Partei zumindest so weit **emanzipiert**, dass er Gregors Appelle an seine Pflichten als Genosse zunächst von sich weist. Erst im Nachhinein zeigen diese eine gewisse Wirkung, sodass Knudsen auch am Abend nicht zum Fischfang ausläuft. Während er die Zeit bis Mitternacht überbrückt, brütet er über den Sinn und die Motive seines momentanen Handelns:

> *Wollte ich den Abschied von der Partei ein wenig hinauszögern, um die Lust am Leben noch eine kurze Spanne Zeit zu behalten?* (S. 99)
>
> *Wie stehe ich denn vor dem Pfarrer da, wenn ich nicht mitmache? […] wenn niemand sonst da ist, der ihm seinen Götzen rettet, muß ich es tun.* (S. 101)

Hier wird deutlich, dass Knudsen den Punkt eigenverantwortlichen Handelns noch nicht erreicht hat. Erst als er sich aus freien Stücken entschließt, Gregors Rettungspläne umzusetzen, **befreit** er sich schließlich ganz aus den Zwängen seiner **unfreiwilligen Abhängigkeiten**.

Den **Handlungsmotiven**, mit denen sich Knudsen auseinandersetzt, fügt Gregor in seiner Beobachtung noch weitere hinzu. Er spürt, dass Knudsen derart durchdrungen ist von den **Idealen der kommunistischen Idee**, dass er diese nicht ohne Weiteres über Bord werfen wird. Darin liegen auch Knudsens Vorbehalte begründet, derentwegen er sich bis zu seiner Abfahrt von der Lotseninsel gegen eine etwaige Mitnahme Gregors nach Schweden sträubt: „[…] er verweigert mir die Hilfe, weil er den Schritt nicht tun will, den Schritt vom gedachten Abfall zum getanen, von der Aufgabe zum Verrat." (S. 103) Von diesem Argwohn Knudsens gegenüber Gregor ist allerdings das eigentliche Projekt, die Rettung des *Lesenden Klosterschülers*, nicht betroffen. Diesbezüglich haben die Beteiligten den Erfolg der Aktion am Ende einzig und alleine **Knudsens ausgeklügelter Planung** zu verdanken.

Doch der **Ausgang der Rettungsfahrt** wird bis dahin noch zweimal in Frage stehen. Als er am Strand der Lotseninsel auf die Ankunft des Beiboots wartet, wird sich Knudsen ein weiteres Mal der **Gefahr** bewusst, in die er sich mit der Aktion begibt, und er entwickelt einen **Alternativplan**. Durch Judiths unerwartete Verwicklung in die Vorgänge jedoch ist seine Idee, die Figur im Meer zu versenken und später zu bergen, hinfällig. Gregors Entschlossenheit überrumpelt den Fischer. Die **vollendeten Tatsachen**, vor die dieser gestellt wird, weist er daher zunächst mit barscher Ablehnung, Unterstellungen und Provokationen gegenüber Gregor (vgl. S. 155 f.) zurück. Knudsen ist nicht zu besänftigen – zu tief ist der Graben zwischen ihm und Gregor. Denn er nimmt ihn nicht als den jungen Mann im grauen Anzug wahr, der helfen möchte, sondern als den Stellvertreter einer „Partei, die ihn, Knudsen, im Stich gelassen hat" (S. 155). Dieser Stellvertreter hat ihn erst dazu verleitet, sich überhaupt auf die Sache mit der Holzfigur einzulassen, und mutet ihm dann auch noch zu, ein jüdisches Mädchen mitzunehmen. Nun, da es allein auf ihn ankommt, da ihm die Zeit ausgeht und damit die Möglichkeit, seine Entscheidung aufzuschieben, übermannen Knudsen **existenzielle Ängste:**

> *Verdammt, ich will mein Boot behalten, ich will Fische heimbringen, ich will bei Bertha bleiben und warten, bis die Anderen verschwunden sind und die Partei wiederkehrt. Und wenn die Anderen bleiben und die Partei niemals mehr zurückkommt, dann ist es erst recht sinnlos, wenn ich mein Leben und mein Boot und Bertha für irgendein jüdisches Mädchen oder für einen Heiligen aus der Kirche aufs Spiel setze.* (S. 156 f.)

Bewegung kommt in diese verfahrene Situation durch das **handfeste Aufeinanderprallen** der zwei sturen Betonköpfe: der eine, Knudsen, getrieben von Vorurteilen und Existenzsorgen, der andere, Gregor, erfüllt von seiner karitativen Mission. Den **Wendepunkt** innerhalb der tragischen Konfliktsituation führt schließlich doch ein Moment von **Einsicht und Kritikfähigkeit** herbei. Da sich der Junge zutraut, Knudsens Kutter alleine nach Schweden zu manövrieren, sieht sich Gregor in der Pflicht, sein Versprechen, nicht mitzufahren, einzuhalten (vgl. S. 159). Das lässt Knudsen mit einem Mal in seiner Verbohrtheit innehalten:

> *Der hochnäsige Kerl, dachte Knudsen, der verdammte hochnäsige Kerl. Der Kerl mit seinem ZK-Hochmut. Dabei ist er nichts weiter als ein beschissener kleiner Deserteur, ein Bursche, der kneift. Aber ich kneife ja auch. Und er ist jung; vielleicht müssen die Jüngeren so kneifen wie er.* (S. 160)

Nicht der obligatorische öffentliche Schaukampf der Widersacher, sondern diese **private Gedankenlinie**, die sich stufenartig über Hass, Ablehnung und Geringschätzung zu einem entscheidenden „aber" durchringt, bewirkt letztendlich den Wendepunkt des Geschehens. Hier vollzieht sich ein verblüffender Perspektivenwechsel. Knudsen erschließt sich aus der **Analogie ihrer Handlungsmotive**, was ihn mit Gregor vereint: die Wiederentdeckung der persönlichen Freiheit durch eigenverantwortliches und selbsttätiges Handeln. Zähneknirschend, aber **aus seinem freien Willen heraus** setzt Knudsen Gregors gesamten Rettungsplan konsequent um.

Dass er ihm zudem eine Überfahrt nach Schweden anbietet, erstaunt. Der Text lässt offen, ob es ein ehrliches Angebot eines Knudsen ist, der seine persönlichen Animositäten endgültig zugunsten der Sache beigelegt hat, oder ob es doch nur die letzte Probe ist, auf die der Fischer den jungen Genossen stellt. Gregor jedenfalls scheint letztere Intention zu vermuten: „Besten Dank, sagte Gregor höhnisch. Ich pfeife auf dein Angebot." (S. 160). Knudsens Respekt ist ihm dadurch in jedem Fall sicher.

2 Aufbau, Struktur und literarische Einordnung

Die einzelnen der 37 Kapitel des Romans tragen anstelle von Überschriften die Namen der fünf Hauptfiguren, die sich nacheinander begegnen und zu einem gemeinsamen Abenteuer entschließen. Die Ansichten des **Jungen** werden dabei in **jedem zweiten Kapitel** verzeichnet. Seine Gedanken füllen demzufolge 19 der 37 Kapitel. Das macht zwar gut die Hälfte der Kapitel aus, allerdings sind diese in der Regel kaum eine Seite lang und umfassen daher lediglich etwa ein Zehntel der Romanseiten. Der Junge erfüllt somit innerhalb des Romans einerseits die Funktion eines **roten Fadens**, an dem die einzelnen, meist in sich abgeschlossenen Handlungseinheiten aufgereiht sind. Andererseits kommt ihm eine **Spiegelfunktion** zu. Er setzt der Welt der Erwachsenen, die allesamt in ein Netzwerk aus Verpflichtungen und Abhängigkeiten verstrickt sind, kontrapunktisch, also in Form einer Gegenstimme, die ideologisch noch unbedarfte, offene Sichtweise eines Heranwachsenden entgegen. Auch formal sind diese Kapitel durch Druck in Kursivschrift von der übrigen Romanhandlung abgesetzt.

Der Roman ist aus mehreren **Handlungsblöcken** aufgebaut:

In den ersten elf Kapiteln (S. 7–29) wird das Personal der Geschichte vorgestellt. Es ist der frühe Nachmittag eines undatierten Tages im Spätherbst. **Fünf Erzählstränge** setzen nacheinander ein und laufen parallel zueinander ab. Noch scheinen diese Parallelhandlungen nichts miteinander zu tun zu haben.

Ab dem zwölften Kapitel (bis Kapitel 25, S. 30–92) ergeben sich erste Berührungspunkte zwischen den einzelnen Figuren. Ihre Aktionskreise verengen sich bis spät in den Abend und die Handlungen vernetzen sich schrittweise zu einem **Beziehungsfünfeck**. Dabei werden die jeweiligen Pläne der Hauptfiguren wie auch deren vorläufiges Scheitern umrissen: Die Fluchtpläne des Jungen, Gregors wie Judiths lassen sich nicht verwirklichen,

Helander findet keine Unterstützung im Versuch, die Holzplastik aus seiner Kirche außer Landes zu schaffen, und Knudsen bringt es nicht übers Herz, tatsächlich mit seiner Partei zu brechen.

In der **Mitte des Romans** (Kapitel 26, S. 93–95) fällt dem Jungen endlich der dritte Grund ein, warum man aus Rerik weg muss: „Man mußte Rerik verlassen, [...] weil es Sansibar gab, Sansibar in der Ferne, Sansibar hinter der offenen See, Sansibar oder den letzten Grund." (S. 95) Das sagenhafte, in unerreichbare Ferne entrückte **Sansibar** steht an dieser exponierten Stelle im Roman **symbolisch für Freiheit und Unabhängigkeit**. Als Sinnbild dessen, was durch einen Ausbruch möglicherweise zu erlangen ist – sei es ein Ausbruch aus der Enge des kleinbürgerlichen Rerik, aus den Klauen der übermächtigen Anderen, aus der Umklammerung einer verblendeten Partei oder einer verbohrten Amtskirche –, bildet es das **Gegenstück zu dem** im Roman für alle Figuren zentralen **Motiv der Flucht**.

Mit dem Abschluss der ersten Hälfte des Romans erfolgt zugleich eine **erzählerische Wende**. Die Handlungsfäden werden ab Kapitel 27 (S. 96) zueinander hingeführt, die bislang wenig aussichtsreichen Rettungs- und Fluchtpläne der Figuren erscheinen zunehmend realisierbar, das konkrete Vorhaben nimmt Gestalt an. Bis zur endgültigen Ausführung des Fluchtplans in Kapitel 32–34 (S. 137–151) sind die Handlungen der Einzelfiguren eng miteinander verflochten, die verschiedenen Erzählstränge sind zu einem gemeinsamen verschmolzen.

Die gelingende **Flucht** bildet den **Höhepunkt der äußeren Handlung** und führt zu einem spannungsgeladenen Schlussteil des Romans (ab Kapitel 35, S. 152). Die Fahrt zur Lotseninsel und die Auseinandersetzung zwischen Knudsen und Gregor sorgen für einen Anstieg der Dramatik. Doch selbst diese **Zuspitzung der Handlung** lässt die reflexiven Passagen und damit die innere Handlung nie spürbar hinter das äußere Geschehen zurücktreten. Vielmehr **verdichten sich** gegen Ende die **inneren**

Aufbau und Prinzip der simultanen Figurenführung

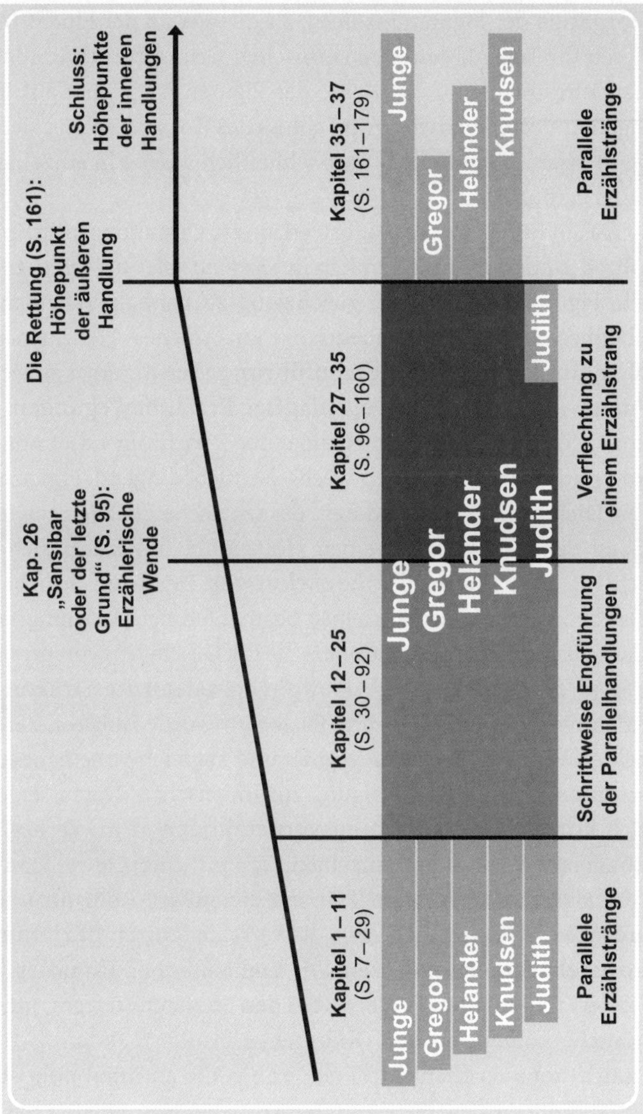

Vorgänge der Figuren insofern, als die vier an der Flucht Beteiligten ihr Tun auf denselben ethischen Grund zurückführen: Sie handeln uneigennützig. Keine der Figuren ist primär auf ihren eigenen Vorteil bedacht. Am Schluss des Romans spaltet sich der gemeinsame Handlungsstrang schließlich wieder in einzelne parallel geführte auf.

Das in Bezug auf den Aufbau erläuterte Gestaltungsprinzip von Alfred Andersch, dass nämlich in *Sansibar oder der letzte Grund* alle Figuren parallel bzw. gleichzeitig zu handeln scheinen, ist überdies **strukturell** bedeutsam. Ein solches Nebeneinander nennt man **simultane Figurenführung**. Aus ihr ergeben sich in Anderschs Roman **zwei gegenläufige Erzählbewegungen:** eine konsekutive (*konsekutiv*: aufeinander-, nachfolgend) und eine korrelative (*korrelativ*: sich wechselseitig bedingend, ergänzend). Die Dichte von Raum und Zeit, das szenische Erzählen sowie der Gang der Handlung auf einen Höhepunkt hin lassen sich unschwer als traditionelles **konsekutives Erzählen** ausmachen. Das bedeutet, aus den einzelnen Segmenten der Handlung resultieren Entscheidungssituationen, die das Geschehen vorantreiben.

Auf der anderen Seite steht die episodenhafte Struktur des Romans, die Handlungs- und Dialogarmut, die Isolation der einzelnen Figuren, die sich begegnen und zugleich voneinander abschotten, sowie deren Neigung zur Innenschau. Daraus ergeben sich **korrelative Bedeutungsvernetzungen**, d. h. Wechselwirkungen zwischen den einzelnen Figuren, ihren jeweiligen Befindlichkeiten und ihrem Tun, die die äußere Romanhandlung ergänzen. So lassen sich etwa die verschiedensten **Beziehungskonstellationen** entdecken: Die Einheimischen (Knudsen, Helander) finden ihren Widerpart in den Fremden (Gregor, Judith). Manche können bleiben (Knudsen, Helander), andere (Gregor, Judith) müssen fliehen. Da gibt es die, die an ihren politischen Vorstellungen (ver-)zweifeln (Gregor, Knudsen), denen diejenigen gegenüberstehen, die keinen Zugang mehr zu ihren religiöskulturellen Werten finden (Helander, Judith). Die Passiven (Helander, Judith) spiegeln sich in den Aktiven (Gregor, Knudsen).[8] **Allen gemeinsam** ist zum einen die **Bindung an eine geistige Idee:** bei Gregor und Knudsen an den Kommunismus, bei Helander und Judith an ihr humanistisches Weltbild und bei dem Jungen an seine fiktionale Vorstellung von Freiheit (Huckleberry Finn, Sansibar). Zum anderen haben sie alle durch den **Verlust eines lieben Menschen** ihre psychische Stabilität eingebüßt: Helanders Frau ist gestorben, Judiths Mutter hat sich umgebracht, Gregors Geliebte hat die KPD auf dem Gewissen, Knudsen hat seine Frau an den Wahnsinn verloren, der Vater des Jungen ist auf See zu Tode gekommen. Trotz dieser Berührungspunkte und der Kooperation der Figuren können sie dem Tun und Denken ihres jeweiligen Gegenübers in der Regel wenig abgewinnen und bleiben bis zum Schluss sich selbst ausgeliefert.

Nur an der Oberfläche der äußeren Handlung folgt der Roman dem Schema des Spannungsaufbaus auf einen Höhepunkt hin, an dessen Ende die Flucht steht und die Frage beantwortet wird, wer aus welchen Gründen fliehen kann und wer nicht. Das Geschehen vollzieht sich dabei innerhalb in sich **abgeschlossener Passagen**, die in der Regel weniger von tatsächlichem Handeln als vielmehr von inneren Vorgängen oder Sprechakten der Figuren – meist mit sich selbst – getragen sind. Die **räumliche Konzentration** des Geschehens liegt auf der Stadt Rerik und deren Umgebung, die **zeitliche Dichte** erstreckt sich vom frühen Nachmittag eines Oktobertages bis zum frühen Abend des darauffolgenden. Damit nähert sich der Roman **strukturell** dem **novellistischen Erzählen**. Er zerfällt in eine Vielzahl von Einzelepisoden, die in lockerer Weise aneinandergefügt sind, sich aber dennoch zu einer kausal-logischen Handlungskette verdichten. Die einzelnen Erzählabschnitte in Form von eingestreuten Rückblenden, erlebten Reden, inneren Monologen, Gesprächssequenzen etc. emanzipieren sich dabei von der Haupthandlung durch ihre jeweils eigenständigen Spannungskurven. Das Buch **unterläuft** damit auf der Ebene der inneren Handlungen **das traditionelle Erzählprinzip**, nach dem der äußere Handlungsrahmen den roten Faden des Geschehens und die Spannungsbögen vorgibt. Die einzelnen Episoden behaupten sich gegen die ohnehin nicht allzu üppige äußere Handlung des Romans.

Mit dieser **Emanzipation vom traditionellen Roman** reiht sich Andersch in die lange Reihe von Erzählern wie Heinrich Böll, Wolfgang Koeppen, Uwe Johnson, Max Frisch, Friedrich Dürrenmatt oder Ingeborg Bachmann ein, die nach 1945 dem modernen deutschsprachigen Roman seine Gestalt geben.

3 Erzähltechnik

Alfred Andersch entwickelt eine stark verdichtete, perspektivisch aufgefächerte Erzählweise, die geprägt ist durch unentwegte Sprünge zwischen **verschiedenen Erzählstrategien**. Als dominant erweist sich der **personale Erzähler**, der in der **Er-Erzählperspektive** Einblicke in das Innenleben der Romanfiguren gewährt. Dabei beschränkt sich im Fall von *Sansibar oder der letzte Grund* die erzählerische Vermittlung nicht auf die Sicht einer der Figuren. Bedingt durch die simultane Figurenführung Anderschs (vgl. *Interpretationshilfe*, S. 60) **wechselt die personale Erzählperspektive** permanent zwischen den jeweils aktiven Figuren. Nur an wenigen Stellen im Roman wird diese Vermittlung des Geschehens durch eine Erzählinstanz mit begrenzter Sicht, die nur so viel weiß wie die Figuren selbst, zugunsten eines kommentierend-wertenden auktorialen Erzählstils aufgegeben.

Daneben bedient sich Andersch in seinem Roman diverser **moderner Erzählmechanismen**. Zuerst einmal **trennt er nicht durch Satzzeichen der wörtlichen Rede** das, was gesagt oder gedacht wird, von dem, was erzählt wird, sodass sich Innensicht der Figuren und Außensicht des Erzählers unweigerlich vermischen. Des Weiteren baut Andersch **Formen des Selbstgesprächs** in den Fluss des Erzählens ein. Es ergibt sich daraus ein ständiger Wechsel zwischen **erzählter Handlung**, **wörtlicher Rede** und der **Wiedergabe von Gedanken und Gefühlen** der Romanfiguren in Form von Gedankenzitaten, erlebter Rede oder innerem Monolog. Nicht immer lässt sich bei dieser Vielstimmigkeit eindeutig festlegen, wer gerade spricht bzw. denkt, ob es sich beispielsweise um den Bericht des personalen Erzählers oder die erlebte Rede einer Figur handelt. Die folgende Textstelle illustriert beispielhaft die Komplexität dieser Erzählweise:

Beispiel: Gregor und Knudsen am Hafen (S. 103 f.)

Ich werde diese Frage später entscheiden, dachte Gregor, jetzt muß ich mich erst einmal mit der Tatsache abfinden, daß ich von hier nicht wegkomme.	Gedankenzitat
Er beobachtete Knudsen, der nun begann, ungeduldig zu werden, der ihn offensichtlich los werden wollte. Knudsen konnte ihn, Gregor, nicht leiden, das war klar;	Erzählerbericht (*oder*: Erlebte Rede)
für Knudsen bin ich der Mann vom ZK, der sich drücken will, während er der einfache Genosse ist, der sich nicht drücken kann.	Innerer Monolog
Knudsen konnte sich nicht drücken, vielleicht mußte er bei der Frau bleiben, die irrsinnig war, wie der Pfarrer erzählt hatte, vielleicht konnte er sich nur einfach nicht vorstellen, was er nach seiner Flucht tun sollte, wie das Leben eines Mannes verlaufen sollte, der kein Boot mehr hatte. Was immer auch die Gründe waren, die Knudsen davon abhielten, zum Komplizen seines Verrats zu werden – sie mußten sich gegen Gregor richten, gegen eine Hilfe bei Gregors Flucht […]	Erlebte Rede (*oder*: Erzählerbericht)
Gregor fragte: Warum machen wir denn die Geschichte mit dem Boot, wenn man auch zu Fuß dorthin kommen kann, wo du mich erwartest?	Wörtliche Rede

Alfred Anderschs Erzählen fällt nicht nur auf durch pausenlose **Perspektivwechsel**, in denen der Erzähler von der einen Figur zur anderen springt, sondern auch durch häufiges Alternieren zwischen **Er-Erzählhaltung** (Erzählerbericht, erlebte Rede) **und**

Gregor (Peter Kremer, links) will Knudsen (Michael Gwisdek) von seinem Rettungsplan überzeugen. (Foto: Film von Bernhard Wicki, 1987)

Ich-Erzählhaltung (wörtliche Rede, innerer Monolog). Entsprechend wechselt auch das **Tempus** beständig zwischen Präteritum und Präsens. Es stellt sich die Frage, warum Andersch diese auffällige Verquickung unterschiedlicher Erzählformen einsetzt. Die Antwort ist in der Intention des Werks zu finden: Anderschs Erzähltechnik steht im Dienste der **personalen Schichtung des Geschehens**. Sie illustriert, wie die Romanfiguren die sie umgebende Wirklichkeit wahrnehmen, nämlich als eine segmentierte, d. h. individuell völlig verschieden erfahrene. Das bedeutet, es gibt keine einheitliche Wirklichkeit mehr, sondern nur noch ein **Nebeneinander paralleler Wirklichkeiten**. Die harsche, stakkatohafte Gegenüberstellung der oft widersprüchlichen Ansichten der Romanfiguren über dieselben Dinge belegt, dass jeder in seiner **individuellen Vorstellungswelt** gefangen ist. Die Figuren sind derart im Bann ihrer jeweiligen Vorbehalte, dass sie, obwohl sie das Gespräch miteinander suchen, nicht miteinander sprechen. Sie reden aneinander vorbei. Diesen inhaltlichen Aspekt unterstreicht die auffällige Erzähltechnik Anderschs.

Die Multiperspektivität des Romans wird durch eine weitere erzählerische Eigenheit ergänzt: In den Dialogen **vermischt sich** unaufhörlich das, was tatsächlich **gesagt** wird, mit dem, was bloß **gedacht** wird. Dies verdeutlicht etwa die unmittelbare Fortsetzung des obigen Textausschnitts:

Beispiel: Gregor und Knudsen am Hafen (S. 104)

Dann brauchen wir doch den Jungen nicht aufs Spiel zu setzen.	Wörtliche Rede (Gregor)
Er bettelt mich wenigstens nicht weiter an, ihn mitzunehmen, dachte Knudsen.	Gedanken (Knudsen)
Zu Fuß brauchst du eine Stunde länger, sagte er, und du würdest den Weg in der Nacht nicht finden.	Wörtliche Rede (Knudsen)

Da die direkte Rede nicht in Anführungszeichen wiedergegeben wird, **gehen Sprechen und Denken** nahezu ungefiltert **ineinander über**. Gespräche werden kaum mehr als objektives Geschehen bedeutsam. Im Fokus steht stattdessen auch hier die individuelle, subjektive Wahrnehmung der einzelnen Sprechakte.

Alfred Andersch hat damit zu einem Erzählton gefunden, der ihn befähigt, all die Aspekte darzustellen, die zwischen den Romanfiguren stehen und die ihnen am Ende zwar ermöglichen, sich gegenseitig beizustehen, sie aber über den Schluss hinaus daran hindern, nachhaltig zueinander zu finden.

4 Sprache

Alfred Anderschs Sprache ist von epischer Breite. Ob der Erzähler zu Wort kommt oder erlebte Rede bzw. der innere Monolog vorliegen, stets rückt die **deskriptive** (beschreibende) **Funktion** seines Erzählens in den Vordergrund. Dem Leser sollen breite Einblicke in den Raum, die Handlung sowie in das Innenleben des Figurenpersonals gegeben werden. Vor seinem geistigen Auge soll eine Welt entstehen, in die er sich möglichst **differenziert** einfinden kann:

> *Sie kam auf Deck und stellte die Körbe ab, Knudsen sah, daß sie alles gerichtet hatte: die Thermosflaschen mit Kaffee und den Kanister mit Suppe und die Pakete mit belegten Broten, alles Nötige für eine Fahrt bis übermorgen abend, für eine Zweitagesfahrt mit dem kleinen Schleppnetz auf den Dorsch, der Arbeit für einen Mann und einen Jungen.* (S. 73)

Derart **breite Satzgefüge** sind typisch für den Roman. Sie weisen überwiegend **parataktische Staffelungen** auf, das heißt, die einzelnen Satzglieder bis hin zu vollständigen Sätzen sind nebenordnend aufeinander bezogen. Detailversessen listet der Erzähler wie im obigen Beispiel das zu Erzählende auf, selbst auf die Gefahr hin, dass etwa die Wiederholung der Konjunktion „und" in kurzem Abstand genauso umständlich wirkt wie die beständigen Rückbezüge auf das bereits Gesagte. So nähert sich der Erzähler in kleinen Schritten sprachlich dem Kern des Erzählgegenstands an. Obwohl Bertha „alles" gerichtet hat, wird beispielsweise im Anschluss an diese Feststellung buchstäblich ausgepackt, was semantisch in dem Pronomen bereits enthalten ist. Dasselbe geschieht mit dem Nomen „Fahrt": Es wird ebenfalls wiederholt und auf das Vorhaben hin inhaltlich differenziert.

Durch die fehlenden Interpunktionszeichen bei der wörtlichen Rede gestalten sich die Übergänge zwischen der Erzähler- und der Figurenrede und damit zwischen Innen- und Außensicht fließend. Auch die Wechsel in Bezug auf die verwendeten **Sprachregister**, wie z. B. Umgangssprache (sprechen, denken) und Hochsprache (erzählen), vollziehen sich infolgedessen nicht sprunghaft.

Die **Sprache des Figurenpersonals** im Roman wählt Andersch so, dass sie jeweils die **gesellschaftliche Zugehörigkeit** widerspiegelt. Entsprechend ihrer Herkunft, Bildung und ihrem sozialen Umfeld sprechen etwa der Junge wie der Fischer Knudsen eine einfache, von umgangssprachlichen Wendungen durchsetzte Sprache. Judith und Helander dagegen ist der Soziolekt des gehobenen Bürgertums zugeordnet: Sie drücken sich versiert aus und können ihre Sprache auf das Niveau ihrer jeweiligen Gesprächspartner abstimmen. Gregors Äußerungen kennzeichnet eine pragmatisch-sachliche Funktionärssprache.

Nimmt man die **Sprechakte** der Romanfiguren genauer unter die Lupe, stellt man unschwer fest, dass sie unter einem politischen System leiden, das **Argwohn**, **Zwietracht und Misstrauen** sät, um menschliche Solidarität zu unterbinden. Zwischen den Figuren herrscht, angesichts der Tatsache, wie intensiv im Roman nachgedacht wird, eine **auffällige Funkstille**. Auf der Bühne würde man dieses Phänomen „Beiseite-Sprechen" nennen. Den Großteil seiner Gedanken behält jeder für sich. Oft wird nur das Nötigste geäußert, gerade so viel, um den Gang der Handlung nicht zum Erliegen zu bringen. Trotz der zahlreichen Kommunikationssituationen überwiegt in der Darstellung das Erzählerische und Beschreibende, das Selbstgespräch oder die Selbstreflexion. Wir erleben die Figuren daher nicht „in ihren Beziehungen zueinander, ihrem Dialog also, sondern jede in ihrem Fürsichsein, jede versenkt in ihre eigene Situation und Not, letztlich also schweigende, in sich verschlossene und abgeschlossene Gestalten"[9].

Angesichts dieser Darstellung erscheint eine andere sprachliche Auffälligkeit in *Sansibar oder der letzte Grund* beinahe zynisch. Viele Literaten glaubten nach dem Zusammenbruch des Dritten Reiches, der sogenannten „Stunde Null", mit ihren Werken auch sprachlich ein neues Zeitalter einzuläuten. Doch so einfach und schnell, wie man es sich vorstellte, war die Aufarbeitung und Loslösung von der Nazi-Vergangenheit offenbar nicht zu bewerkstelligen. In vielen Werken, die unmittelbar nach 1945 entstanden sind, grassiert noch immer das **faschistische Vokabular**.[10] Auch in Anderschs *Sansibar oder der letzte Grund* sind

Spuren solcher Reminiszenzen an die Sprache des Faschismus aufzuspüren. Bei der **Darstellung Judiths** bedient Andersch eine Fülle abgeschmackter **Klischees**. Vor- und Nachname (Judith Levin) sind hebräisch, obwohl ein Großteil der deutschen Juden unauffällige deutsche Namen trug. Dem Stereotyp des jüdischen Mädchens entspricht ebenso, dass Judith schwarze Haare hat, verwöhnt, gebildet und reich ist sowie ein hohes Maß erotischer Ausstrahlung besitzt. Auch in der Wortwahl vergreift sich Andersch zweimal und bedient sich **fragwürdiger Formulierungen:** „Dieses hier war ein besonders schönes Exemplar eines solchen Gesichts." (S. 68); „eine Fremde mit einem schönen, zarten, fremdartigen Rassegesicht" (S. 72). Im ersten Beispiel wird Judith in Analogie zur faschistischen Rassenlehre typisiert und wie eine Sache oder ein Tier – darauf bezieht sich landläufig das Nomen „Exemplar" – erfasst und katalogisiert. Im zweiten Zitat rufen die aufgelisteten Eigenschaften sowie deren Bezugswort „Rassegesicht" die Aura und den Reiz des in der NS-Zeit Verbotenen herauf, dem die Männerwelt erliegt. Marcel Reich-Ranicki spricht diesbezüglich von „Formulierungen, die Unbehagen zurücklassen"[11]. Noch 1957 und auch in Anderschs Roman treiben folglich Floskeln einer Sprache ihr Unwesen, die einer Zeit entstammt, die die Zeitgenossen damals selbstgefällig als aufgearbeitet betrachten. Heute wissen wir, das Gegenteil ist der Fall.

5 Zentrale Aspekte

Die Anderen – Leben im Unterdrückungsstaat

Mit den erwachsenen Hauptfiguren porträtiert *Sansibar oder der letzte Grund* Menschen unter dem Einfluss von repressiven, d. h. sie **unterdrückenden Machtsystemen**, die ihre individuellen Handlungsspielräume einschneidend begrenzen. Die Figuren im Roman leiden und verzweifeln am Alleinherrschaftsanspruch einer Organisation, die einer **inhumanen Weltanschauung** folgt.

Obwohl die Romanhandlung im Jahr 1937 zu verorten ist, spielt das Buch mit erheblicher Zurückhaltung auf die **Auswirkungen von Hitlers Terrorherrschaft** an. Die Nazis werden nicht beim Namen genannt, sondern verschlüsselt als „die Anderen" bezeichnet. Andersch entwirft das düstere Bild eines Volks, in dem der Einzelne an der staatlich verordneten Volksgemeinschaft zugrunde geht. Das im Roman skizzierte Land wird dominiert von einem **anonymen totalitären Regime**[12]:

> *[...] sie waren so frech wie feige, sie kamen im Morgengrauen, auf leisen Limousinensohlen, sie scheuten die Auseinandersetzung und den Tag, sie kamen leise und wollten leise und wortlos verhaften, sie selbst besaßen keine Sprache, und sie haßten nichts mehr als die Sprache derer, die sie verhafteten. Ihr Haß auf die Sprache war der Grund, warum sie ihre eigene Stummheit nicht anders erlösen konnten als in den Schreien der Gefolterten. Zwischen Limousinen und Folterbänken vegetierte das stumme Gesindel schwarz dahin.* (S. 174 f.)

Andersch stellt hier einen verblüffenden **Gegensatz zur geschichtlichen Wirklichkeit** dar. An die Stelle der eitlen, lauten Selbstinszenierung der medial allgegenwärtigen Nazis und ihrer propagandistisch wortreichen, aber bedeutungsleeren Sprache tritt eine **anonyme, jede Kommunikation ablehnende Macht**. Diese manifestiert sich in **unterschwelligen Ängsten**, die sich selbst in den Köpfen der Menschen eines so abgelegenen Nests wie Rerik festgesetzt haben: die Furcht vor der allgegenwärtig scheinenden anonymen Autorität, vor Verhaftung und Folter.

Der **Terror** der Anderen **gegen die eigenen Bürger** lässt ein Machtszenario entstehen, dessen Ausmaß an **Bedrohlichkeit** schwer einzuschätzen ist. Judith etwa verhält sich in ihrer jugendlichen Naivität noch gänzlich institutionsgläubig. Beim Anblick zweier Landespolizisten in ihren grünen Uniformen am Hafen tritt sie vorsichtig aus dem Lichtkegel der Straßenbeleuchtung, um nicht erkannt zu werden. Dabei übersieht sie, dass die wahren Feinde sich ihrer längst bemächtigt haben:

> *Sie hat keine Ahnung, dachte Gregor, sie weiß nicht, daß die Grünen ungefährlich sind, gefährlich sind nur die Anderen. Gefährlich sind auch die Leute hier, die alle so tun, als sähen sie die Fremde überhaupt nicht, aber sie sehen sie doch und beobachten sie […].* (S. 71)

Jeder Mitbürger stellt eine potenzielle Bedrohung dar, da man nicht weiß, wer mit den Anderen im Bunde ist. Zermürbendes **Misstrauen** belastet daher die nachbarschaftlichen Beziehungen der Reriker. Da die Sympathisanten des Regimes nicht klar zu benennen sind, verkehrt sich die gesamte Bürgerschaft zu einer **anonymen Drohkulisse**. Der Einzelne fürchtet sich vor der tagtäglichen Bespitzelung und Überwachung durch das Kollektiv. In Rerik einen Fremden wie Gregor zu treffen, zieht unmittelbar Konsequenzen nach sich. Das weiß auch Knudsen: „Den Instrukteur treffen, hieß sich verstricken." (S. 17) Bereits die kleinste Abweichung von der Erwartungshaltung der Allgemeinheit macht Knudsen verdächtig, so etwa sein Gang in die Kirche (vgl. S. 54) oder sein verspätetes Auslaufen zum Fischfang (vgl. S. 69).

Die äußeren Umstände führen im Roman also zu einem **Vertrauens- und Kontaktverlust** der Menschen untereinander. Die Figuren verschiedener sozialer Herkunft entfremden sich unter einem grausamen, totalitären Regime alle in derselben Weise ihrem menschlichen Grundbedürfnis nach einem intakten Gemeinwesen. Aus ihrem Versuch, sich den Gegebenheiten anzupassen, erwachsen **Missgunst**, **Argwohn und Ängste**. Schließlich ist **soziale Vereinzelung** die Folge.

Leben mit der ständigen Bedrohung der Anderen

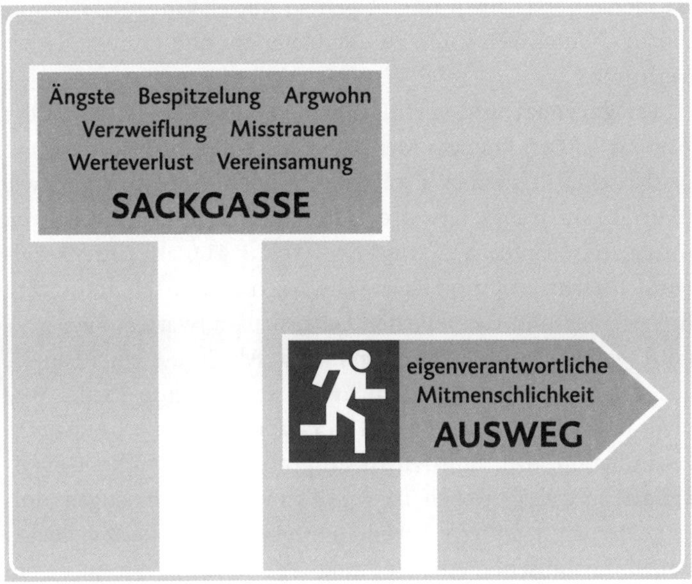

Darüber hinaus wenden die Anderen gegenüber Knudsen persönlich die hinterhältigste Strategie an, um ihn in Schach zu halten: Sie scheinen das Wohl seiner Frau von dessen politischer Passivität abhängig zu machen.

Er wußte, was sie mit den Geisteskranken machten […]. Übrigens hatte er den Eindruck gehabt, daß sie ihn mit der Drohung, Bertha in eine Anstalt zu bringen, erpressen wollten. Sie wollten, daß er sich ruhig verhielte. Sie gebrauchten die arme Bertha als Waffe gegen die Partei. (S. 16 f.)

Hier spielt der Text auf die gängige Praxis der Nazis an, **geistig Behinderte** staatlich verordneten **Tötungsaktionen**, sogenannten Euthanasieprogrammen, zuzuführen. Die Entscheidung, Bertha zu verschonen, ist indessen vorläufig und damit unberechenbar. Dem Fischer gegenüber lassen die Anderen sie wie einen Gnadenakt erscheinen und zeigen so mit eiskalter Berechnung ein an Grausamkeit kaum zu überbietendes und erpresserisches Verhalten.

Ausgegrenzt und verfolgt werden unter der Herrschaft der Anderen neben kranken Menschen aus willkürlich festgelegten rassistischen Gründen auch die **jüdischen Mitbürger** wie Judith Levin. Ironischerweise kann Judith, sieht man einmal von ihrem fremdländischen Aussehen (vgl. S. 41), also ihrem südeuropäischen Teint und ihren schwarzen Haaren, ab, mit einem lupenreinen und vorbildlichen Lebenslauf aufwarten. Sie ist getauft, gebildet, wohlerzogen und reich. Als Spross einer Familie aus der Hamburger Oberschicht ist sie eine gute Partie. Wie viele jüdische Mitbürger vor 1933 haben auch die Levins ihre Assimilation, d. h. ihre **Anpassung an die deutsche Gesellschaft**, so weit getrieben, dass sie sich von ihren einstigen jüdischen Wurzeln entfernt haben. Judith selbst wusste lange nichts von ihrer jüdischen Abstammung (vgl. S. 123). Wie in einem Albtraum ist die Familie Levin nun in der Welt der Anderen erwacht, die sie zu etwas abstempelt, wovon sie selbst sich längst losgelöst glaubten.

Die **Gefahr**, in der Judith sich aufgrund ihrer gesellschaftlichen Randstellung befindet, vergrößert sich zusätzlich durch den **Selbstmord ihrer Mutter**. Da das Mädchen den Vorfall in der Hamburger Villa nicht angezeigt hat, hat sie sich den polizeilichen Ermittlungen entzogen und sich verdächtig gemacht. Man könnte ihr unterstellen, die eigene Mutter vergiftet zu haben, um an ihr Erbe zu kommen. Der Grund für Judiths prekäre Situation ist folglich nicht nur in ihrer jüdischen Abstammung, sondern auch in der familiären Katastrophe zu sehen, die sich in der „Leinpfadvilla“ ereignet hat. Darum ist es für sie so gefährlich, dem Wirt aus dem „Wappen von Rerik“ ihren Ausweis zu zeigen.

Demütigung und Verfolgung von Juden während der NS-Diktatur (Baden-Baden, 1938)

Die Lage Judiths sowie die des zweiten „Flüchtlings“, der Plastik *Lesender Klosterschüler*, zeigen ein recht realistisches Abbild Deutschlands im Jahr 1937 auf. In diesem Zusammenhang lassen sie auch die **Situation der christlichen Kirche** zu dieser Zeit in keinem sehr vorteilhaften Licht erscheinen. Von ihren Inhalten her ist die faschistische Ideologie genauso wenig wie die kommunistische mit christlichen Normen und Wertvorstellungen vereinbar. Das Töten von Kranken, die Verfolgung von Juden und Andersdenkenden oder der Bann, der über bestimmte Ausprägungen von Kunst, Literatur und Musik ausgesprochen wurde, lassen sich kaum mit christlichen Werten in Einklang bringen. Und dennoch hat es Gruppierungen in der deutschen Kirchenlandschaft gegeben, die versucht haben, **sich bei den Nazis anzubiedern**. Allein, dass in bestimmten christlichen Kreisen darüber nachgedacht wurde, das Alte Testament wegen seines jüdischen Ursprungs aus der christlichen Glaubensliteratur zu streichen, belegt die Absurdität dieses Unterfangens.

Auch in *Sansibar oder der letzte Grund* stehen sich **verschiedene christliche Lager** unversöhnlich gegenüber. Das wird zum einen deutlich, als es darum geht, die Plastik aus Helanders Kirche den Anderen nicht auszuhändigen:

> *Was hatte der Amtsbruder von der Nikolai-Kirche gesagt? Diese modernen Dinge gehören sowieso nicht in die Kirche, hatte er abgewehrt. […] Und zu dem von der Marienkirche war Helander gar nicht erst gegangen; der gehörte zu den Anderen.* (S. 34)

Helander selbst entspricht historisch im Gegensatz zu seinen zitierten Kollegen den Anhängern der sogenannten **Bekennenden Kirche**, die ihre christlichen Werte und Tugenden offen und aktiv verteidigten. In all seinem Denken, Zaudern und Tun ist ihm stets klar, dass die Verhaftung durch die Anderen am darauffolgenden Tag unausweichlich sein wird, sollte er den *Lesenden Klosterschüler* außer Landes schaffen.

Noch fragwürdiger als der Umgang der **Amtskirche** mit der Kunst erscheint ihr Verhalten in Bezug auf die **Verfolgten**. Judiths Schicksal ist zu keinem Zeitpunkt ernsthaft im Fokus christlicher Nächstenliebe. Ironischerweise nimmt sie jedoch, als sie Helanders Gotteshaus erstmals betritt, den Kirchenraum als einen Zufluchtsort wahr: „[…] das Überwältigende war zugleich das Selbstverständliche: Kirchen waren zum Schutz da." (S. 123) Doch Asyl ist in den christlichen Kirchen nicht zu finden. In diesem Punkt versagen die beiden großen Amtskirchen kläglich. Im Unterdrückungsstaat der Anderen haben sich Katholiken und – wie im Roman – Protestanten weit **von ihren zentralen ethischen Werten entfernt**. Geschützt hat sie das jedoch nicht. Am Ende des Romans bewahrheitet sich, was Knudsen schon vier Jahre zuvor, also 1933, im Jahr der Machtergreifung der Anderen, Helander als dem Repräsentanten der Amtskirchen an den Kopf geworfen hat: „[…] Knudsen hatte schon damals nicht mehr gelacht, sondern den Pfarrer angesehen und zu ihm gesagt: Auch Ihnen wird Ihr Verdun-Bein eines Tages nichts mehr nützen"

(S. 31). Dass es auch den kirchlichen Vertretern an den Kragen gehen würde, hält Helander zu diesem Zeitpunkt nicht für möglich; in Bezug auf die „Partei“, also die **Kommunisten**, dagegen steht das wohl schon 1933 für Helander wie für Knudsen außer Frage. Als Institution **versagt die einst so ambitionierte Partei** kläglich vor der Übermacht der Anderen.

Dass am Ende gerade Gregor und Knudsen die **Rettung** der Bedrohten bewerkstelligen, liegt folglich nicht an den Verdiensten der Kirche oder der Partei als Widerstandsorganisationen, sondern einzig an den **charakterlichen Qualitäten** der beiden Figuren. Ihnen fällt die Rolle der Heilsbringer und Retter nur deshalb zu, weil sie sich von bestehenden äußeren Zwängen so weit emanzipiert haben, dass ihr Blick für die Eigenverantwortung des Menschen nicht mehr verstellt ist. Ihr Erfolg ist der feine Seitenhieb, mit dem der Roman das **Versagen der gesellschaftlich-solidarischen Kräfte** auf breiter Front anprangert: von den einstigen politischen Parteien bis hin zur Kirche.

Die Partei – Gefahren ideologischer Vereinnahmung

So nebulös der Roman auf Hitlers NSDAP verweist, so verschlüsselt kommt er auf die Kommunistische Partei Deutschlands (KPD) zu sprechen. Diese verkörpert in den Wahlkämpfen vor Hitlers Machtergreifung im Jahr 1933 den am stärksten bekämpften **politischen Gegner** der aufstrebenden völkischen Bewegung. Die KPD nennt der Roman stets verhalten „die Partei“. Da ihr Knudsen wie Gregor angehören, erfährt der Leser im Roman über sie ebenso viel wie über Hitlers Unterdrückungsstaat.

Alfred Andersch arbeitet in seinem Roman Aspekte heraus, die die beiden widerstrebenden politischen Kräfte miteinander teilen. Erstaunlicherweise weisen **Faschisten** wie **Kommunisten** nämlich deutliche **Gemeinsamkeiten** auf: Beide bedienen sich während ihres parlamentarischen Wettstreits in der Weimarer Republik (1919–1933) ähnlicher Machtinstrumentarien.

Mit Vorliebe mobilisieren beide Seiten die proletarischen Massen. Saalschlachten oder Straßenkämpfe werden von den extrem Linken wie von den extrem Rechten inszeniert. Beiderseits werden paramilitärische Parteitruppen gegründet. Und sie propagieren beide die Abwahl der demokratischen Kräfte, also den politischen Umsturz, der das deutsche Volk in die verheißungsvolle Zukunft einer Parteidiktatur führen soll.

Erfolglos gebliebener Aufruf von KPD und SPD anlässlich der Reichstagswahl 1933

Zwischen Hitlers Machtergreifung und dem Jahr 1937, in dem die Romanhandlung angesiedelt ist, **verliert die KPD** jedoch erheblich **an politischem Einfluss**. Am 30. 1. 1933 wird Adolf Hitler zum **Reichskanzler** ernannt. Bedingt durch die Brandstiftung im Reichstagsgebäude einen Monat später tritt die sogenannte **Reichstagsbrandverordnung** in Kraft, die es Hitler erlaubt, Staatsfeinde zu verhaften und in die im selben Jahr eingerichteten Konzentrationslager einzuliefern. Die erste Verhaftungswelle trifft insbesondere Anhänger des linken Parteienspektrums, nämlich der SPD und KPD. Zwar verfehlt die NSDAP bei den letzten freien Wahlen der Weimarer Republik die absolute Mehrheit (43,9 % der Stimmen). Die großen Wahlverlierer aber sind die Kommunisten (12,3 %); die SPD behauptet sich immerhin auf fast gleichem Stimmniveau (18,3 %).

In der Folgezeit versagen die Linken schmählich und versäumen es, sich als Einheitsfront gegen die rechtsradikalen Kräfte zu verbünden. Der wohl entscheidendste Grund hierfür liegt in der ideologischen Verbohrtheit der Kommunisten, denen die Aufrechterhaltung des demokratischen Systems genauso wenig am Herzen liegt wie Hitler. Dieser lässt sich das Heft nun nicht mehr aus der Hand nehmen. Die kommunistischen Abgeordneten werden in Schutzhaft genommen, die Sitze der KPD im Reichstag annulliert. Kurz darauf wird die NSDAP alleinige Staatspartei.

In atemberaubendem Tempo sehen sich die Linken um ihr Recht zur freien Meinungsäußerung sowie um die legale Grundlage zur öffentlichen politischen Betätigung gebracht. Ihrer Parteieliten beraubt, schafft es die KPD weder einen gewaltsamen Massenwiderstand anzuzetteln noch nachhaltig im Untergrund konspirativ und wirksam gegen das Regime vorzugehen. Das **frustriert** ihre treuen **Anhänger**, die sich von ihrer Partei erheblich mehr Schlagkraft und Kampfgeist versprochen haben – wie im Roman **Knudsen**: „Die Partei hätte schießen sollen, statt jetzt Instrukteure zu schicken." (S. 15) Doch anstelle öffentlicher kommunistischer Opposition sind die Parteimitglieder dazu verdammt, **Anonymität** zu wahren und gleichzeitig im Verborgenen den Widerstand aufrechtzuerhalten. Das überfordert Knudsen. Er sieht sich als Reriker Ortsvorsitzender **von seiner Partei im Stich gelassen** und nicht fähig, angesichts des Überwachungsstaates der Anderen seinerseits den Widerstand im Kleinen zu organisieren.

Mit seinen Berufskollegen, allesamt ehemalige **Parteigenossen**, kann er nicht mehr über das sprechen, was sie eigentlich verbindet: ihr gemeinsames politisches Weltbild. Wenn sie sich in der Öffentlichkeit treffen, tauschen sie nur noch Belanglosigkeiten aus, kein Wort mehr über Politik. Das Heimtückische an ihrer Situation besteht darin, dass die Anderen um ihre Identitäten und damit um ihre politische Opposition wissen: „Sie wußten, daß es Knudsen gab, Mathiasson, Jenssen, Elias, Kröger, Bahnsen und noch einige andere. Sie alle zu verhaften, das ging nicht, in einer so kleinen Stadt wie Rerik." (S. 17 f.) Das Damokles-Schwert, das über ihnen schwebt, besteht in der stillschweigenden Übereinkunft zwischen den Parteigenossen und den Anderen, die **Existenz der Partei aus der öffentlichen Wahrnehmung zu streichen:** „Die Anderen mußten sich darauf verlassen können, daß nicht mehr über die Partei gesprochen wurde. Wenn nicht mehr über sie gesprochen wurde, gab es die Partei nicht mehr." (S. 18) Solange sie so tun, als hätten sie mit ihrer politischen Vergangenheit nichts mehr zu tun, sind sie vorerst sicher. Die Anderen verdammen sie dazu, sich ins Private zurückzuziehen.

Vor diesem Hintergrund wird selbst ein scheinbar harmloses Treffen mit einem Fremden, dem Instrukteur der Partei, zum riskanten Wagnis. Und Knudsen zaudert lange, ob er sich darauf einlassen soll. Am liebsten würde er sich in sein kleines Häuschen und auf seinen Kutter zurückziehen und **seine Ideale im Inneren bewahren**, bis die Zeit wieder reif ist, sich offen zu bekennen (vgl. S. 56). Der Fischer **sehnt sich zurück** nach der Zeit, als die Partei noch von authentischen Persönlichkeiten repräsentiert worden ist. Mit der **modernen Funktionärselite**, der Gregor angehört, kann er wenig anfangen: „Ich wollte, die Partei schickte mal einen richtigen Arbeiter." (S. 52) Bei der Begegnung mit Gregor stoßen folglich nicht nur zwei unterschiedliche Generationen aufeinander, sondern auch sehr verschiedene Vorstellungen davon, was die Partei verkörpert.

Mit solchen Problemen ist **Gregor** ständig konfrontiert, allerdings ohne dass die Partei diese zur Kenntnis nimmt. Als **anonymer Instrukteur** soll er einen genauso anonymen Ortsvorstand treffen und sich dabei in der Öffentlichkeit ungezwungen benehmen. Um diese Schwierigkeiten zu meistern, legt er sich eine eigenartige Marotte zu: den Griff nach den Fahrradklammern um seine Hosen. Auch wenn diese Spangen ihn natürlich nicht schützen, fühlt Gregor sich damit „sicherer, so, als klappe er ein Visier herunter" (S. 96). Sein irrationaler, beinahe schon zwanghafter Griff nach ihnen ist das einzige Quäntchen Unsicherheit, das er sich selbst zugesteht. Zugleich weiß er, dass nur ein bis zur Perfektion ausgeklügeltes unauffälliges Verhalten die nötige **Unsichtbarkeit in der Öffentlichkeit** ermöglicht:

> *Der junge Mensch benimmt sich wunderbar unauffällig, dachte Helander, wenn ich nicht wüßte, welche Bedeutung er hat, würde er mir nicht auffallen, nicht einmal in dieser Stadt, die so klein ist, daß jeder auf jeden aufpaßt und jeder, der neu ist, von tausend Augen registriert wird.* (S. 170)

Bekanntschaften oder gar Freundschaften auf seinen Reisen zu schließen, Mädchen anzusprechen, kurzum das typische Leben eines jungen Mannes zu führen, ist Gregor verwehrt. Das liegt einerseits daran, dass die alltägliche Kommunikation der Menschen durch den beständigen, unterschwelligen Terror der Anderen gestört ist. Andererseits verlangt die Partei ihm ab, sich mit Haut und Haaren der proletarischen Revolution zu verschreiben, und gesteht ihm **keinerlei Raum für Privates oder individuelle Entfaltung** zu. Ihm ist eingetrichtert worden, dass er sich keine Gefühle leisten darf, Spontaneität gilt in der Partei als verpönt. Nur eine gewisse **Gefühlskälte und Gleichgültigkeit** in zwischenmenschlichen Belangen kann sicherstellen, dass nichts Unvorhergesehenes passiert.[13] Gregor allerdings tut sich schwer mit solchen Doktrinen. Das Verschwinden seiner nicht so ganz linientreuen Geliebten in den Verliesen des sowjetischen Geheimdienstes hat ihn innerlich schon Jahre zuvor seiner Partei entfremdet.

Dass Gregor Schwierigkeiten damit hat, seine Aufträge parteikonform und zur Zufriedenheit seiner Vorgesetzten auszuführen, wird von Beginn an deutlich, weil das, was er zu tun vermag, sich längst nicht mehr mit dem deckt, was er tun soll. Wo er hinkommt, stößt er nicht auf offene Ohren und handlungsbereite Entschlossenheit, sondern auf **Angst und Resignation**. Vor Ort kann Gregor nicht einfach die Phrasen dreschen, die ihm das Zentralkomitee in den Mund gelegt hat; dort herrschen eigene Gesetze. Das wiederum wollen die Genossen aus der **Parteiführung** nicht wahrhaben. Von ihnen fühlt sich Gregor so **wenig ernst genommen** wie Knudsen:

> *Wenn Gregor ihnen gesagt hätte, [...] daß man nämlich in einer Stadt, in der es solche Türme gab, mit ganz anderen Argumenten arbeiten müsse als mit denen, die für gewöhnlich in den Flugblättern standen, so hätten sie nur die Schultern gezuckt.* (S. 25)

Hier stoßen die **menschenverachtende und lebensferne Ideologie** einer Partei und die lebenspraktische Intelligenz eines Menschenfreundes unversöhnlich aufeinander. Die Partei hält stur an ihren Zielen fest, deren Verwirklichung unwahrscheinlicher denn je geworden ist; noch immer versucht sie, eine einfältige Masse zu indoktrinieren. Gregor dagegen begreift die Menschen, denen er begegnet, nicht in ihrer Funktionalität als Parteigenossen, sondern als Mitmenschen, die in individuelle Lebensumstände eingebunden sind. Er wehrt sich gegen die schematischen **Vereinheitlichungsversuche** seiner Partei.

Zwar erläutert Gregor Knudsen dienstbeflissen das sogenannte Fünfergruppensystem (vgl. S. 54 f.), mit dem sich die Partei vor ihrer Zerschlagung schützen will, jedoch nur um letztlich seinen Eindruck wieder bestätigt zu bekommen, dass den Menschen vor Ort mit solchen Phrasen nicht geholfen ist: Knudsen hält die Partei schon für verloren. Er lässt sich nicht blenden. Der Fischer

Die Partei und die Vereinnahmung des Einzelnen

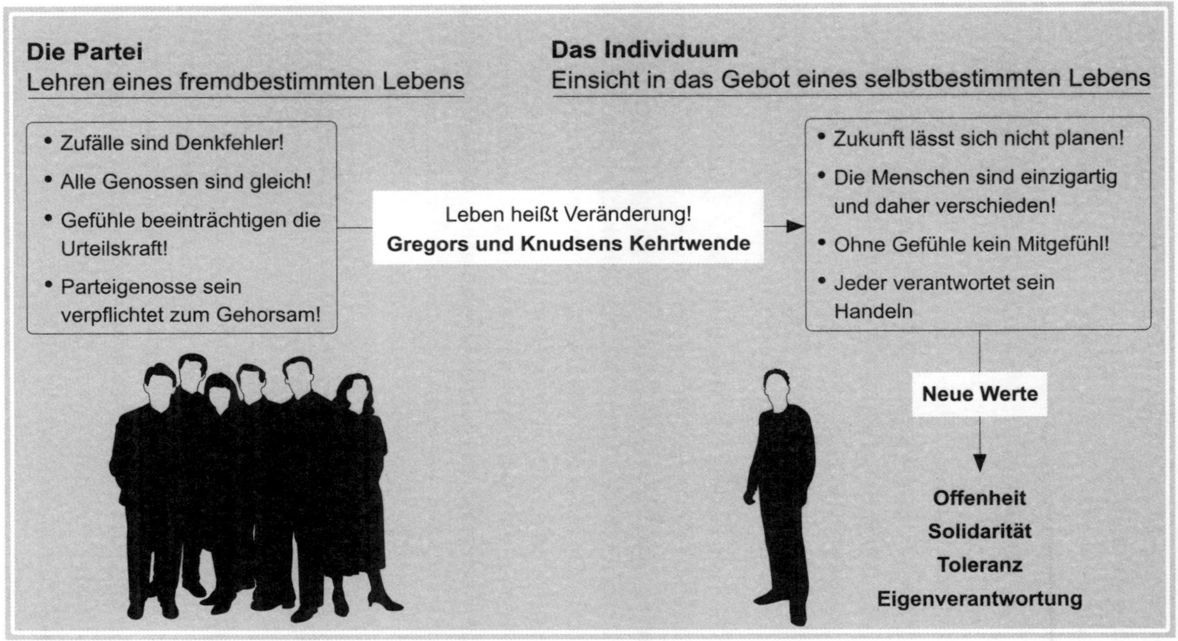

verweist darauf, dass es in Rerik außer ihm **keine aktiven Genossen mehr** gibt, und wünscht, von der Partei in Ruhe gelassen zu werden. Gregor versucht erst gar nicht, die Parteiarbeit wieder aktiv anzustoßen.

In der Weitsicht, was die momentane **Lage ihrer Partei** betrifft, wie im Verzweifeln darüber sind Gregor und Knudsen **Verbündete**, nicht aber in den **persönlichen Konsequenzen**, die sie aus ihrer Erkenntnis ziehen – das ist Gregor schnell klar:

> *Du willst dich in deinen Winkel verkriechen und an die Partei glauben. Und ich [...]? Ich will aus meinem Winkel raus und irgendwohin, wo man noch nachdenken kann, darüber nachdenken, ob es noch einen Sinn hat, an die Partei zu glauben.* (S. 56)

Knudsen, das erkennt Gregor scharfsinnig, sieht sich nicht in der Lage, die generelle Sinnfrage zu stellen, weil sie sein gesamtes bisheriges Lebensgebäude ins Wanken bringen würde. Er selbst dagegen hat seine wahre Identität schon Jahre zuvor an der Grenze des Deutschen Reichs abgegeben und gegen eine virtuelle, die nur in Form gefälschter Dokumente besteht, eingetauscht. Alles Wesentliche, Ausweise und Geld, trägt er seitdem stets bei sich, im Grunde ist er vogelfrei. Er kann gehen oder bleiben, sich einmischen oder wegsehen. Er scheint niemandem mehr Rechenschaft schuldig zu sein. Und dennoch fällt ihm sein Abfall von der Partei genauso schwer wie Knudsen.

Es scheint, als könnten beide Genossen die endgültige **Abnabelung** erst in dem Moment tatsächlich wagen, da sie sich auf ein **verändertes Wertesystem** verständigen, das ihrem alten nicht gänzlich entgegensteht, das sie aber aus den Zwängen befreit, die ihr bisheriges Festhalten an der Partei bedeutete. Indem Gregor und Knudsen gemeinschaftlich den *Lesenden Klosterschüler* und Judith retten, besinnen sie sich auf den eigentlichen **Ursprung ihrer politischen Gesinnung**. „Kommunistisch" leitet sich vom lateinischen *communis* ab, was „gemeinschaftlich" bedeutet. So unterschiedlich ihre Lebensläufe auch sein mögen, der

Antrieb für ihr jeweiliges politisches Tätigsein besteht in der Verinnerlichung von Werten, die dem **Gemeinwohl** und damit der Utopie vom Glück aller verpflichtet sind. Weil sie nicht tatenlos zusehen, wie geistiges Eigentum vernichtet oder Menschen aufgrund ihrer Herkunft verfolgt werden, hauchen sie Tugenden wie **Solidarität**, **Verantwortungsbewusstsein** oder **Uneigennützigkeit** neuen Geist ein – einen Geist, der nicht auf einer von außen übergestülpten Lehre beruht, sondern der ihr **ureigenstes Bedürfnis** ist.

In diesem Sinn legt Alfred Andersch mit dem *Sansibar* ein zutiefst **ideologiekritisches Buch** vor, das die beiden großen Ideologien des 20. Jahrhunderts, den Faschismus wie den Kommunismus, aufgrund ihrer menschenverachtenden Praktiken anklagt und ihnen **eigenverantwortliche Mitmenschlichkeit** als einzig wahren, weil moralisch nicht korrumpierbaren Wert entgegenhält.

Der Lesende Klosterschüler – Entscheidungsfreiheit als existenzielle Verantwortung

Der *Lesende Klosterschüler* ist eine 115 cm hohe Holzplastik, die auf einem Metallsockel in der Mitte von Helanders Kirche steht. Die Figur ist keine Erfindung des Autors. Heute steht die Plastik

in der Gertrudenkapelle in Güstrow. Geschaffen hat sie 1930 der Bildhauer, Schriftsteller und Zeichner **Ernst Barlach** (1870–1938), der 1937 als „entarteter“ Künstler aus der Öffentlichkeit verbannt wird, weil sein Werk der völkischen Kulturpolitik der Nazis nicht entspricht. Dem Bildungsbürgertum der Zeit ist Barlach als Künstler noch ein fester Begriff. Man kennt den unverwechselbaren Stil seiner Bildhauerei:

> *Nachdem [Judith] das Gesicht befühlt hatte, stieß sie einen Ruf des Erstaunens aus und nannte den Namen des Bildhauers, der die Statue gemacht hatte. Gregor erinnerte sich dunkel, den Namen schon einmal gehört zu haben.* (S. 127)

Weil sie den **künstlerischen Idealen der Anderen widerspricht**, soll die kleine Statue aus der Kirche entfernt werden. Helander verweigert allerdings dem Kunsthistoriker die Herausgabe. Damit ist klar, dass die Anderen die Plastik am darauffolgenden Tag eigenmächtig abtransportieren werden (vgl. S. 33 f.). Dies zu verhindern, indem man das Kunstwerk ins Ausland verfrachtet, stellt den **roten Faden der Romanhandlung** dar.

Obwohl die Statue einen Namen trägt, der sie **personifiziert** und quasi auf eine Ebene mit den Hauptfiguren stellt, weist sie deutlich über die individuelle Begrenztheit des Figurenpersonals hinaus. Sie vereint Wertvorstellungen in sich, in denen sich die sie begleitenden Figuren wie in einem **Spiegel** selbst erkennen.

Judith etwa, die als „Draufgabe" (S. 128) lediglich die Nutznießerin der Rettungsaktion ist, wird bewusst, wie relativ der **Wert des Lebens** einer unschuldig Verfolgten ist angesichts der angespannten politischen Situation.

Der Junge wiederum kennt die Statue, hat ihr aber nie größere Beachtung geschenkt. Erst durch Judiths Deutung (vgl. S. 165) erschließt sich ihm, wie ähnlich der unscheinbare Mönch ihm doch ist: „Er liest alles, was er will. Weil er alles liest, was er will, sollte er eingesperrt werden. Und deswegen muß er jetzt wohin, wo er lesen kann, soviel er will." (S. 165) Auch der Junge fühlt sich eingesperrt und in seiner persönlichen Entwicklung behindert. Er ist im Begriff, einer Welt zu entfliehen, die er als Gefängnis begreift. Daher entdeckt er in der Holzplastik einen **Leidensgenossen** und **Weggefährten**.

Pfarrer **Helander** sieht sich in seinen Wertvorstellungen und in seinem Verständnis von Kirche von den Institutionen und von seinen Amtsbrüdern so schmählich im Stich gelassen, dass sich ihm der Sinn seines Tuns kaum mehr erschließt. Angesichts des Eingriffs der Anderen in seinen Hegemoniebereich aber erwachen scheinbar längst verschwundene Charakterzüge zu neuem Leben: seine alte Wut und Kampfeslust. Mit einem Mal ergibt sich durch das Kunstwerk ein Konflikt, der neuen **Sinn stiftet:** „Da drinnen sitzt er und wartet jetzt, dachte Helander, mein kleiner Mönch, der das innerste Heiligtum meiner Kirche ist, weil die Anderen ihn holen wollen." (S. 113) Es ist die **Bedrohung durch die Anderen**, die Feinde des Wertesystems, das er ein Leben lang vertreten hat, die der Statue eine **tiefere Bedeutung** verleiht. Dabei steht der Pfarrer von Beginn an auf verlorenem Posten. Denn er hat der Übermacht der Anderen nichts entgegenzusetzen als seine Haltung, den Mut des Verzweifelten, dessen Untergang unausweichlich ist. In diesem Sinne wird der *Lesende Klosterschüler* zum Symbol dafür, das Leben auch in anscheinend aussichtslosen Situationen nicht einfach geschehen zu lassen, sondern mittels **bewusster Entscheidungen und Handlungen** einzugreifen.

Ein ähnlicher Bedeutungszusammenhang kristallisiert sich in Bezug auf **Knudsen** heraus. Der Fischer hält den kleinen Mönch für den wertlosen „Götzen" (S. 63) einer Religion, die längst nicht mehr zeitgemäß ist und die er deshalb durch seine politische Weltsicht ersetzt hat. Es hat folglich wie im Falle Helanders nichts mit der Statue an sich zu tun, dass sich Knudsen auf den Rettungsplan einlässt, sondern mit seiner Haltung:

> *Warum tust du dann überhaupt mit? fragte [Gregor].*
> *Knudsen dachte: Weil ich kein toter Fisch sein will. Weil ich die Lust an der Liebe behalten will. Weil es sonst stinklangweilig wird. Aber er sagte nichts dergleichen. Er sagte vielmehr: Wie stehe ich denn vor dem Pfarrer da, wenn ich nicht mitmache? Im gleichen Augenblick wußte er, daß er eine Art Wahrheit ausgesprochen hatte.* (S. 101)

Knudsen fühlt sich dem Pastor Helander gegenüber, mit dem er seit vier Jahren nicht gesprochen hat und mit dessen Kirche er schon lange nichts mehr zu tun hat, kaum ernsthaft verpflichtet. Dem Menschen Helander gegenüber schon. Das ist die „Art Wahrheit“, die Erkenntnis also, die er ausspricht. Auch wenn er sein eigentliches Anliegen nur schwer in Worte fassen kann, sucht er wie Helander nach einer Aufgabe, die endlich etwas **Sinn in ein sinnlos gewordenes Alltagsleben** unter der Diktatur der Anderen bringt. Weil er aber auch seiner kranken Ehefrau wie dem Jungen gegenüber verantwortlich ist, grübelt er wiederholt über die Folgen einer Beteiligung an der Rettungsaktion nach. Dass er trotz der vielen Risikofaktoren die illegale Fahrt nach Schweden mitmacht, beweist seine **Zivilcourage** und seine Auffassung einer **ethischen Verpflichtung zum Widerstand**.

Dass gerade **Gregor** auf den *Lesenden Klosterschüler* aufmerksam wird, liegt an seiner **individuellen Lesart** des Kunstwerks. Die Plastik ist in ihrem Entwurf an mittelalterlichen Holzfiguren orientiert, spricht aber die moderne Formensprache. Gerade weil sie manchen als zu modern (vgl. Helanders Kollege, S. 34) und anderen als zu wenig heilig (vgl. Knudsen, S. 52) erscheint, weckt die Statue Gregors Neugierde. Ihm liegt nichts an der Aura kirchlicher Heiligtümer. Entwürfe eines zeitgemäßen Menschenbildes dagegen interessieren ihn sehr. Gregor lässt sich zunächst intensiv (vgl. S. 48) auf das Kunstwerk ein, bevor er ihm (Be-)Deutungen zuschreibt. Ihn beeindrucken die Schlichtheit des Entwurfs, die Ausgewogenheit der Proportionen und schließlich der Scharfsinn, den er in den Augenwinkeln des Mönchleins entdeckt. Und so spekuliert er darüber, wie dieser junge Mensch liest und wie er sich auf die Welt, die ihn umgibt, einlässt:

> *Was tat er eigentlich? Er las ganz einfach. Er las aufmerksam. Er las genau. Er las sogar in höchster Konzentration. Aber er las kritisch. Er sah aus, als wisse er in jedem Moment, was er da lese. Sein Arme hingen herab, aber sie schienen bereit, jeden Augenblick einen Finger auf den Text zu führen, der zeigen würde: das ist nicht wahr. Das glaube ich nicht.* (S. 49)

Rasch wird dem Leser klar, dass Gregor in den Mönch die Persönlichkeit hineinliest, der er selbst entsprechen möchte. Auch er würde vermutlich an mancher kommunistischen Schrift gerne **kritisches Bewusstsein** und eine gesunde **Skepsis** schulen: „Der Bursche, der dort sitzt und liest, dreht sicherlich auch das Wort im Mund herum. Er dreht es herum und befühlt es von der anderen Seite." (S. 62) Doch bislang hat immer die Partei vorgegeben, wie die Lehren ihrer Vordenker zu verstehen sind, und sie stempelt jede Emanzipation von diesen Inhalten und Strukturen zum Verrat an ihren Idealen. Der Mönch dagegen „sieht aus wie einer, der jederzeit das Buch zuklappen kann und aufstehen, um etwas ganz anderes zu tun." (S. 49) Auch Gregor würde lieber in einem **politischen Umfeld des Vertrauens** und der **freiheitlichen Gesinnung** agieren: Er träumt von einer Partei, die ihre Mitglieder nicht indoktriniert, sondern diese aufgrund ihrer Offenheit an sie bindet bzw. ihnen freistellt, sich zu lösen, wann immer sie es wünschen. Der Genosse sehnt sich nach einer Auszeit, weil auch ihm die **Sinnhaftigkeit seines Tuns** abhandengekommen ist:

> *Ich will aus meinem Winkel raus und irgendwohin, wo man noch nachdenken kann, darüber nachdenken, ob es noch einen Sinn hat, an die Partei zu glauben.*
> *Lesen [...]. Noch einmal lesen. So lesen, wie der da vorne.* (S. 56)

Im *Lesenden Klosterschüler* sieht Gregor die Bestätigung für die innerlich längst erlangte Gewissheit, dass ihn sein **bisheriger Lebensweg** in eine **Sackgasse** geführt hat. Daher ist der oben skizzierte Weg, nach einer gedanklichen Auszeit in den Schoß der Partei zurückzukehren, ihm im Grunde bereits verstellt: „Ich habe einen gesehen, der ohne Auftrag lebt. Einen, der lesen kann und dennoch aufstehen und fortgehen." (S. 49) Das Indefinitpronomen „einen" lässt sich hier doppeldeutig einerseits auf den betrachteten *Klosterschüler* beziehen, andererseits verweist es zugleich auf Gregor selbst. So wie er in der Figur einen erkennt, der sein Leben an **eigenverantwortlichen Entscheidungen** ausrichtet, wird ihm insgeheim bewusst, dass er denselben Weg längst beschritten hat: Er ist nach Rerik geradelt, um zu fliehen.

In diesem Sinne wird die Rettungsaktion für alle Beteiligten zu einer **Bewährungsprobe**, die nur vordergründig der sicheren Verwahrung der Holzplastik dient. Tatsächlich findet jede der Hauptfiguren durch die Begegnung mit dem Mönchlein zu dem, **was wahres Menschsein ausmacht:** dass man in jedem Augenblick seines Lebens frei ist, sich für oder gegen etwas zu entscheiden, dass man **für sein Handeln verantwortlich** ist und dass man diese Verantwortung auf nichts abschieben kann – auf keine Heilslehre (Helander), auf keine Partei (Knudsen, Gregor) und schon gar nicht auf das soziale Umfeld (der Junge, Judith).

Im Verlauf des Romans wird der *Lesende Klosterschüler* zu dem, was man in der Literaturwissenschaft ein **Dingsymbol** nennt. Der Holzplastik werden vielfältige Bedeutungen eingeschrieben, durch die sich dem Leser **Zusammenhänge erschließen**, die über das explizit Erzählte hinausgehen. Der leblose Gegenstand entwickelt sich schrittweise zu einem Sinnbild für die **Kernaussage** des Buchs: Der Mensch ist zur **Freiheit** verdammt. Er kann sich ihrer nicht erwehren, er kann sie nicht weitergeben oder anderen übertragen. Die überkommenen Träger von Sinnstrukturen wie die Kirche, die Partei, die Sozialgemeinschaft sind zusammengebrochen und bieten dem Einzelnen keine Orientierung mehr. Helander, Knudsen, Gregor und der Junge machen die für sie zunächst schmerzliche Erfahrung, dass sie in den Sinnfragen, die sie stellen, auf sich selbst zurückfallen. Durch ihre jeweilige Verstrickung in die Rettung des *Lesenden Klosterschülers* lernen sie, dass in der Leere, die sich in ihren Leben ausgebreitet hat, auch eine Chance liegt. Sie erobern sich ihren jeweiligen Lebenssinn zurück, indem sie ihre Freiheit in Form **eigenverantwortlichen Tätigseins** nutzen. Darin deckt sich Anderschs Roman mit den zentralen Aussagen existenzialistischer Philosophen wie Søren Kierkegaard (1813–1855) und Jean-Paul Sartre (1905–1980).

Der Klosterschüler als Dingsymbol und „Schlüsselfigur" des Romans

Judith – Ihr wird klar, dass erst **ethisch verantwortliches Tun** dem Leben des Einzelnen Sinn verleiht.

Junge – Er sieht in der Statue sich selbst als einen Lesenden, der sich seine **gedankliche Freiheit** von niemandem rauben lässt.

Helander – Er erkennt durch die Bedeutsamkeit der Plastik für die Anderen seine **moralische Pflicht,** ihrem unethischen Treiben seinen **Widerstand** entgegenzusetzen.

Knudsen – Auch er versteht die Rettung der Figur als einen Akt des **Widerstands** und der **Zivilcourage** in einem sinnlos gewordenen Alltagsleben.

Gregor – Ihm wird bei der Betrachtung des Kunstwerks bewusst, wie Ideologien den Menschen von seiner wahren Bestimmung, nämlich von der **Freiheit, er selbst zu sein,** fernhalten.

6 Interpretation von Schlüsselstellen

Rerik als literarisches Landschaftsbild (S. 22, 25 f., 106, 163)

Bei seiner Annäherung an Rerik vom Festland her mustert **Gregor** die Stadt von einem erhöhten Standort aus.

> *[...] die Stadt war zum Staunen. Sie war nichts als ein dunkler, schieferfarbener Strich, aus dem die Türme aufwuchsen. Gregor zählte sie: sechs Türme. Ein Doppelturm und vier einzelne Türme, die Schiffe ihrer Kirchen weit unter sich lassend, als rote Blöcke in das Blau der Ostsee eingelassen, ein riesiges Relief.* (S. 25)

Seine Eindrücke lesen sich wie die in Worten festgehaltene Kompositionsskizze zu einem **Gemälde:** eine auf das Wesentliche beschränkte Motivauswahl, holzschnittartige Formen sowie eine auf wenige Grundtöne und grobe Pinselstriche reduzierte Farbgebung. Nicht aber auf den Realismus der Darstellung, sondern auf den inneren, den **verborgenen Gehalt dieser Landschaft** kommt es Gregor an. Sein analytischer Blick verweilt nicht auf den Äußerlichkeiten der Landschaft. Er versucht die **Menschen** darin zu verorten. Ihm ist klar, dass in einer Stadt mit „solche[n] Türme[n]" (S. 25) denen, die er informieren und auf die Partei einschwören soll, mit den üblichen Floskeln nicht beizukommen ist. Da diese Gedanken Gregors in erlebter Rede wiedergegeben werden, bleibt es bei der subjektiven Behauptung. Eine Erläuterung des Zusammenhangs zwischen den Türmen der Stadt und der Mentalität ihrer Bewohner bleibt aus. So weckt die **rätselhaft-geheimnisvolle Aura** dieser Stadt nicht nur die Neugierde Gregors, sondern auch die des Lesers.

Die eindrucksvollen Bauten beschäftigen den jungen Mann indes noch weiter. Gedanklich verlässt er seinen realen Standpunkt vor den Toren der Stadt und betritt im Geiste einen der Türme, um von dort die Weite des Meers zu bestaunen. Unmittelbar kommt ihm dabei die Distanz, die das Hoheitsgebiet des Landes umfasst und die es folglich bei einer Desertion zu überwinden gälte, in den Sinn: „Sieben Meilen. Sieben Meilen Flucht lagen im Blick dieser Türme." (S. 26)

Aus Gregors **ästhetischen Streifzügen** durch Rerik werden zunehmend **strategische:** Er sondiert das Gelände, auf dem die letzte Operation als Parteisoldat vor seiner Flucht auszuführen ist. „[A]uf keinen Fall saßen die Anderen in den Turmluken." (S. 26) Von dieser Seite scheint also zunächst keine Gefahr auszugehen. Genauso wenig besetzen offenbar andere Autoritäten die Türme:

> *Wer saß denn darin? Niemand saß darin. Es waren leere Türme. Aber obwohl die Türme leer waren, fühlte sich Gregor von ihnen beobachtet. Er ahnte, daß es schwierig sein würde, unter ihren Blicken zu desertieren. […] er hatte nicht mit diesen Türmen gerechnet. Sie sahen alles. Auch einen Verrat.* (S. 26)

Anders als in Anderschs Roman gibt es im realen Rerik nur einen roten Turm.

Paradoxerweise fühlt **Gregor** sich von dem ihn umgebenden anonymen Machtvakuum **bedroht**. In der **Personifizierung der Türme**, die ihn zu beobachten scheinen, spiegeln sich die **Unruhe** und das **schlechte Gewissen** des Instrukteurs wider, der befürchtet, jemand könne seiner geplanten Desertion auf die Schliche kommen. Er sieht die Möglichkeiten für eine Flucht von Rerik aus schwinden, lange bevor er sie faktisch auf ihre Tauglichkeit hin überprüfen kann. Tatsächlich wird er am Ende seinen „Verrat" nicht unter den Türmen von Rerik begehen.

Auch **Judith** kommen Reriks Türme **unheimlich** vor. Schon beim ersten Anblick der Kleinstadt ist sie ernüchtert: „Sie hatte sich Rerik ganz anders vorgestellt. Klein und bewegt und freundlich. Aber es war klein und leer, leer und tot unter seinen riesigen roten Türmen." (S. 22) Statt des erwarteten Kleinstadtidylls eröffnet sich dem Mädchen eine trostlose Szenerie, dominiert von einem **bedrohlich wirkenden Gebäudeensemble**. Die Türme werden zu Ungeheuern, denen alles Stadtleben gewichen zu sein scheint. Dabei hat derselbe Anblick Judiths Mutter einst „entzückt" (S. 22) und ihr ganz andere Bedeutungszusammenhänge eröffnet:

> *Das sind keine Türme, hatte sie immer gesagt, das sind Ungeheuer, wunderbare rote Ungeheuer, die man streicheln kann. Unter dem kalten Himmel aber kamen sie Judith wie böse Ungeheuer vor. Auf jeden Fall waren es Türme, die sich um Mamas armen Gifttod nicht kümmerten […]. Auch nicht um ihre Flucht. Von diesen Türmen war nichts zu erwarten.* (S. 22)

Dieselben Türme verkehren sich einmal zu märchenhaft surrealen Kuschelmonstern, ein anderes Mal zu angsteinflößenden Ungeheuern. Beide Fantasien spiegeln bildhaft **psychische Befindlichkeiten** wider: Während die Mutter in „einem glücklichen Sommer" (S. 21) mit ihrem Mann verliebte Stunden in Rerik verbrachte, findet sich Judith dort mutterseelenallein und auf der Flucht in eine ungewisse Zukunft wieder. Dementsprechend weicht die Wahrnehmung der Umgebung der beiden Frauen – einmal als anheimelnd, einmal als bedrohlich – deutlich voneinander ab. Wie zuvor Gregor nimmt auch Judith **Personifikationen** vor und spricht den Türmen menschliche Eigenschaften zu. Diese aber lassen sich nur vage einem konkreten **Bedeutungsgehalt** zuordnen: Ob die Türme für die Haltung der Anderen, für die der Kleinstädter oder für beide einstehen, bleibt unklar.

Die Sphäre der **Bedrohlichkeit**, die in Judiths Augen von den Türmen ausgeht, nimmt erstaunlicherweise auch **Knudsen** wahr. Dabei müssten ihm die Backsteintürme vertraut sein, da er schon ein Leben lang unter diesen Wahrzeichen der Stadt lebt. Doch zu später Stunde, es ist gegen 23 Uhr, wird der Fischer am Hafen Zeuge, als zuerst die Straßenbeleuchtung und erst einige Augenblicke später auch die Flutlichter abgeschaltet werden:

> *In diesem Augenblick erloschen die Bogenlampen auf dem Kai. Der Hafen von Rerik war einen Augenblick völlig schwarz. Über dem Schwarz standen in der gleichen Sekunde die Türme wie Monstren, völlig nackt, in blendender roter Grelle, von Blut überströmte Riesen, die sich im Todeskampf noch einmal aufgerichtet hatten, um sich auf die Stadt zu stürzen, auf die Schwärze zu ihren Füßen.* (S. 106)

Der Anblick des Farbenspiels von grellem Rot und tiefem Schwarz lässt Knudsens Fantasie überborden. Er überführt die imposanten optischen Eindrücke der Lichterschau in ein bizarres **Weltuntergangsszenario**. Dessen Abläufe bleiben verschlüsselt, denn mangels weiteren Kontexts versteht der Leser weder die Herkunft des Blutes noch die Gründe für die Zerstörungswut der Riesen. Auch in Knudsens Fall stellen die ausgelösten Assoziationen Platzhalter dar für **diffuse psychische Vorgänge**. Denn nicht nur Gregor und Judith, auch der Fischer steht unter erheblichem Druck. Er ist gezwungen eine Entscheidung zu fällen, die durch ihre existenzielle Tragweite **Verunsicherung** und **Ängste** hervorruft. Das Schreckensszenario, in dem sich dementsprechend Knudsens Unterbewusstsein für einen Moment spiegelt, bleibt letztlich auch ein verrätseltes, nicht klar aufzulösendes Bild. Das unheimliche Schauspiel währt indes nicht lange und Knudsens Vision von einer Apokalypse, d. h. von einem Untergang Reriks, weicht der ihn mit einem Mal umgebenden pechschwarzen Nacht:

> *[...] auf einmal waren die Riesen nicht mehr da, in der Kürze eines Lidschlags waren sie erloschen, in der Erinnerung waren sie nicht mehr als ein roter Blitz, dem ein langhinrollender Donner aus Dunkelheit folgte.* (S. 106)

Die **Katachrese**, d. h. der Bildbruch, der dem optischen Phänomen der tiefen Dunkelheit das akustische Merkmal eines Wetterereignisses zuspricht, fügt der Szene eine weitere verstörende Komponente hinzu, die sich dem Leser wiederum nicht eindeutig erschließt.

Bei seinem letzten Auftritt im Roman nähert sich **Gregor** noch einmal Rerik, nun von der Ostsee kommend:

> *Als er aufsah, erblickte er die Türme von Rerik in der Ferne. Von hier aus gesehen waren sie keine schweren roten Ungeheuer mehr, sondern kleine blasse Klötze im Grau des Morgens, feine quadratische Stäbe, blaugrau am Rande des Haffs.* (S. 163)

Gregor greift das **Schreckensbild der Türme** als Ungeheuer, das bis dahin Judith und Knudsen bemüht haben, auf, um es dann als eine nun **nichtig gewordene Vorstellung** fallen zu lassen. Die Türme haben im diffusen Licht des anbrechenden Tages ihre Bedrohlichkeit eingebüßt. Angesichts der gelungenen Rettungsaktion und der erfolgreich überstandenen Nacht bleibt nichts von dem Schrecken, den die Türme zuvor verbreiteten. Wie die Ängste der Figuren sind auch die Türme verblasst. Die unheilvolle rote Farbe ist einem unscheinbaren Graublau gewichen, das sich vom ebenso grauen Morgenhimmel kaum abhebt.

Allerdings, komplett ist die rote Farbe nicht aus der Umgebung verschwunden: „[...] im Osten hatte sich zwischen das Meer und den einförmigen Himmel ein scharlachroter Streifen geschoben. Er war die einzige Farbe in einer farblosen Welt [...]" (S. 163). Während das Rot zuvor in Verbindung mit den Türmen für Ungeheuer und Blut stand, verkündet es nun den anbrechenden neuen Tag. Die **Morgenröte** steht dabei symbolisch für **Aufbruch** und **Neubeginn**, wie ihn an diesem Morgen auch die Romanfiguren in verschiedener Hinsicht erleben: Judiths Neuanfang in Schweden, Knudsens Loslösen aus der Umklammerung der Partei, der Schritt zur Verantwortung und damit zum Erwachsensein des Jungen. Zugleich verheißt das rote Licht des

Sonnenaufgangs **Hoffnung:** Die Solidarität und Menschlichkeit, die sich im Zuge der nächtlichen Gemeinschaftsaktion unter den Beteiligten gezeigt hat, lässt die Hoffnung aufkeimen, dass für die Figuren doch noch nicht alles verloren ist. Im Kontext der christlichen Symbolik, in der das Morgenrot für die Auferstehung Jesu und die **Erlösung** des Menschen einsteht, kann diese Erscheinung nicht zuletzt auch als Anspielung auf den Pfarrer Helander verstanden werden, der etwa zur selben Zeit im Tod Erlösung von seinen Qualen findet.

Schnell jedoch wendet sich Gregor wieder ab von dem Naturschauspiel, um zu seinem analytisch-rationalen Blick auf die Welt und dem mit Händen greifbaren Vordergrund aus Kieselstrand und Ostseeufer zurückzukehren:

> *Das graue Morgenlicht erfüllte die Welt, das nüchterne, farblose Morgenlicht zeigte die Gegenstände ohne Schatten und Farben, es zeigte sie beinahe so, wie sie wirklich waren, rein und zur Prüfung bereit. Alles muß neu geprüft werden, überlegte Gregor. Als er mit den Füßen ins Wasser tastete, fand er es eisig.* (S. 163)

Das ist wohl die Stelle, die Andersch zu seinem ursprünglichen Romantitel „Graues Licht“ inspiriert hat. Es zeichnet sich darin auch für **Gregor** der Beginn eines **neuen Lebensabschnitts** ab, in dem bisherige Gewohnheiten kritisch hinterfragt und alles „neu geprüft“ werden muss. Sein Bedürfnis, das Meerwasser, um dessen eisige Temperaturen er gewiss weiß, trotzdem körperlich zu erspüren, mag als ein erster Schritt dahingehend gelten, dass Menschsein auch bedeutet, die Dinge **sinnenbewusst zu erleben**. Bislang war ihm dieser Zugang verwehrt, sein Leben von seiner Vernunft beherrscht gewesen.

Die Landschaftsbilder Reriks, die durch Judith, Knudsen und Gregor vermittelt werden, ergänzen in *Sansibar oder der letzte Grund* das dargestellte Geschehen und die Befindlichkeiten der Figuren und fügen dem eine **weitere Deutungsebene** hinzu. Die Bildlichkeit des Textes gibt nicht nur eindrucksvolle sinnliche Wahrnehmungen wieder, sondern ist zugleich Ausdruck und Spiegel des Seelenzustandes des jeweiligen Betrachters. Jedoch ist diese moderne Bildersprache ihrer traditionellen, **eindeutigen Verweisfunktion beraubt**.

Der Moment der Entscheidungen (S. 158–160)

Der Textauszug stellt die **zentrale Entscheidungssituation** innerhalb der äußeren Handlung des Romans dar. Außer Helander finden sich alle Hauptfiguren auf der Lotseninsel ein. Die unmittelbare Vorgeschichte dieser Szene ist der offene Konflikt zwischen Gregor und Knudsen. Letzterer fühlt sich übertölpelt, da Gregor im Beiboot nicht nur mit der Holzplastik, sondern auch mit Judith auftaucht, von der bislang nie die Rede gewesen ist. Darüber entbrennt ein Streit, der in Handgreiflichkeiten endet, bei denen Knudsen den Kürzeren zieht.

Der **äußere Handlungsrahmen** verläuft in der Szene scheinbar geradlinig, ohne weitere Zuspitzung des Geschehens. Zu Beginn erscheint der Fischer am Boden liegend als Verlierer des Kampfes. Nachdem der Junge Gregor bestätigt, das Boot alleine nach Schweden bringen zu können, setzt sich der Instrukteur mit Judith auseinander, die es nicht billigt, Knudsen so übel mitzuspielen. Dessen Sorge um sein Boot aber weicht zunehmend der Verwunderung über Gregors Verhalten, da dieser keine Anstalten macht, selbst mitzufahren. Gregors uneigennützige Haltung bewegt **Knudsen** schließlich zu **zwei überraschenden Entschlüssen:** Zum einen kooperiert er trotz der veränderten Umstände; zum anderen erklärt er sich bereit, auch Gregor die Überfahrt ins schwedische Exil zu ermöglichen.

Die erste Entscheidung stellt den **Wendepunkt der Romanhandlung** insgesamt dar, denn das Gelingen der Rettungsaktion steht ab da außer Frage. Die zweite Aussage erweckt für einen Augenblick den Anschein, als sei eine **Versöhnung der Kontrahenten** zum Greifen nahe. Doch die prompte Antwort Gregors, der Knudsens Angebot mit höhnischem Ton ausschlägt, deutet an, dass der Grundkonflikt zwischen den beiden noch besteht.

Die Herausarbeitung der **Innenperspektive** der Figuren konzentriert sich in dieser Szene auf die beiden Rivalen **Gregor** und **Knudsen**. Durch entsprechende Einschübe rücken sowohl der Junge als auch Judith ein Stück weit aus dem Fokus des Lesers. Drei solcher **Einschübe** unterbrechen die Kontinuität der äußeren Handlung. Im ersten (S. 158 f., Z. 27 ff.) reflektiert Gregor über sich. Die anderen beiden folgen unmittelbar aufeinander. Dabei werden die Gedanken und Gefühle Gregors (S. 159 f., Z. 30 ff.) und Knudsens (S. 160, Z. 12 ff.) gespiegelt. Die Einblicke, die der Erzähler so in das Innenleben der Konfliktpartner gewährt, werden nicht an die äußere Handlung rückgebunden. Sie stellen **Parallelhandlungen** dar.

Mit **Gregor** begegnet dem Leser eine Figur, die bei aller persönlichen Betroffenheit stets einen kühlen Kopf bewahrt. Auch wenn sich die Ereignisse überschlagen, ist er in der Lage, sich selbst wie auch die Menschen, die ihn umgeben, zu **analysieren**, ihre Gestik, Mimik, das Gesagte wie dessen Zwischentöne **zu untersuchen:** „Es fiel ihm auf, daß er den Jungen wie einen Komplizen behandelte – keinen Moment lang hatte er sich darüber gewundert, daß der Junge Knudsen nicht beigesprungen war." (S. 158) Der Erzähler schildert, wie sich Gregor zunächst über seine Intuition wundert, in dem Jungen seinen Verbündeten zu sehen, und sich anschließend seiner Menschenkenntnis vergewissert und seine Einschätzungen bezüglich des Jungen bestätigt findet. Parallel zum Hier und Jetzt des Geschehens nimmt Gregor fortwährend die **Vogelperspektive** ein, **beobachtet** sich und sein Tun, **bewertet und kommentiert** es in den Sekundenbruchteilen zwischen seiner eigenen Frage und der Antwort des Jungen: „Er ertappte sich dabei, zu hoffen, der Junge würde die Frage verneinen. Vielleicht würde er nein sagen, und dann hatte er, Gregor, einen Grund, mitzufahren." (S. 158)

Durch Einschübe wie diesen oder die folgenden, die die **inneren Vorgänge** der Figuren fokussieren, verzögert sich einerseits der Fortgang der äußeren Handlung; andererseits ist es dem Leser dadurch möglich, das Geschehen aus **verschiedenen Blickwinkeln** zu verfolgen. Das gilt auch für die beiden nächsten Einschübe (S. 159 f.), die wiedergeben, wie Gregor und Knudsen jeweils übereinander denken. Der Text realisiert diese Passagen zwangsweise nacheinander, sie sind aber **simultan** zu denken. Zeitlich sind sie zwischen die beiden erwähnten Entschlüsse Knudsens einzuordnen.

Inhaltlich gibt hier die plötzliche Bereitschaft des Fischers, nun doch mitzutun, Gregor Anlass, dem Gesinnungswandel auf den Grund zu gehen.

Alles, was er seit heute nachmittag getan hat, seitdem er mich in der Kirche getroffen hat, ist eine Folge seines Hasses gegen mich gewesen. Er ist dageblieben, er hat sich entschlossen, den kleinen Mönch mitzunehmen, weil er mich haßte. Er hat sich auf das gefährliche Abenteuer eingelassen, um mir nicht die Möglichkeit zu geben, ihn zu verachten. Er wollte mir zeigen, daß er jeden nur denkbaren Mut aufbringt, um mir zur gleichen Zeit zeigen zu können, daß er entschlossen ist, keinen Finger für mich zu rühren. (S. 159 f.)

Knudsen ist ein **impulsiver Mensch**, der im Positiven (Bertha, die Partei) wie im Negativen (Gregor) zu sehr intensiven Gefühlen neigt. Seine **Animositäten gegen Gregor** haben ihren Ursprung darin, dass dieser einen seiner **wunden Punkte** offen benennt: den Verrat an der Partei, der er passiv immer noch die Treue zu halten glaubt. Knudsen **fühlt sich persönlich angegriffen**, weil Gregor ihm die Ideale, mit denen er sich sein Leben lang identifiziert hat, abspricht. Dieser Wahrheit, die er noch nicht als solche begreift, steht er ohnmächtig gegenüber. Das Gefühl der **Hilflosigkeit** und des **Ausgeliefertseins** verkehrt Knudsen in ein vermeintliches Gefühl von Stärke, das in der Abneigung und Verachtung Gregors seinen Ausdruck findet. Dazu gehört auch, Gregor schaden zu wollen, indem er dessen Pläne vereitelt und ihm keine Passage nach Schweden gewährt.

All dies versucht sich Gregor in seinem Nachdenken über Knudsen zu vergegenwärtigen. Tatsächlich beschreibt er erstaunlich präzise und umfassend, wie sich **Knudsens irrationaler Hass** auf sein Handeln auswirkt. Dass ein Gefühl der Ohnmacht und des Ausgeliefertseins der wahre Grund dafür ist, kann sich aber selbst Gregor nicht recht erklären: „Warum hat er mich so gehaßt? dachte er. Was habe ich ihm getan? Er hat mich gehaßt, er haßt mich jetzt nicht mehr [...].“ (S. 160)

Gregor denkt primär **analytisch** und **weniger impulsiv** als Knudsen. Dessen Hass trifft ihn zwar, doch ringt Gregor in der Bewertung seines Gegenspielers trotzdem um **Sachlichkeit**. Den Grund für Knudsens Sinneswandel und das Verebben des Hasses sieht Gregor in seiner eigenen Standhaftigkeit: „Wenn ich einen Meter vor dem Ziel versagt hätte, wenn ich zu dem Jungen gesagt hätte, ich fahre mit, dann hätte er mich gehaßt bis ans Ende seiner Tage.“ (S. 160) Inwieweit diese Schlussfolgerung korrekt ist, lässt der Text jedoch offen, der Denkfluss des jungen Mannes bricht an dieser Stelle ab.

Sprachlich fällt auf, dass die Schlusswendung „bis ans Ende seiner Tage" für Gregors Verhältnisse **ungewöhnlich leidenschaftlich und affektiv** ist. Nicht nur, dass mit der Feststellung eines möglicherweise unaufhörlichen Hasses der gute Ausgang von Märchen verkehrt wird (... und sie lebten glücklich bis ans Ende ihrer Tage); die Wendung deutet auch an, dass Gregor emotional aufgewühlter ist, als das aus seinen Worten sonst hervorgeht. Für seine Betroffenheit spricht auch, dass der Begriff „Hass" in dem fünfzehnzeiligen Einschub sieben Mal vorkommt.

Der dreizehnzeiligen Innenschau Knudsens geht seine Zusage voraus, Judith mit nach Skillinge zu nehmen. An ihrem Ende wird das verblüffende Angebot stehen, auch Gregor dorthin zu bringen. Stundenlang ist der Fischer bei seiner schroffen und abweisenden Haltung geblieben. Seine Hilfeleistung für Helander zieht mit Judith eine in seinen Augen böse Überraschung nach sich und er wird zudem Opfer eines massiven körperlichen Angriffs Gregors. Umso **bemerkenswerter** erscheint der **Sinneswandel**, der sich zwischen Knudsens beiden Entscheidungen vollzieht. Gerade einmal noch drei Sätze lang hält die alte Wut und Abscheu an:

> *Der hochnäsige Kerl, dachte Knudsen, der verdammte hochnäsige Kerl. Der Kerl mit seinem ZK-Hochmut. Dabei ist er nichts weiter als ein beschissener kleiner Deserteur, ein Bursche, der kneift.* (S. 160)

Hinter diesen vermeintlich zornigen Sätzen lässt sich jedoch noch etwas anderes vermuten: Es ist ebenso gut vorstellbar, dass aus dem „hochnäsigen Kerl" nicht mehr die Abscheu Knudsens spricht, sondern vielmehr dessen **Bewunderung**. Sein Hass scheint **mürrischer Anerkennung** gewichen. Knudsen zieht den Hut vor dem jungen Burschen, der ihn wie eine Marionette hat antanzen lassen und nach seinen Regeln nach Skillinge dirigiert. Mit einem Mal erscheint Gregor nicht mehr als derjenige, der sein bisheriges Leben leichthin in den Staub tritt, sondern als einer, der sich wie Knudsen selbst bisheriger Ideale und Lebensentwürfe beraubt sieht.

> *Aber ich kneife ja auch. Und er ist jung; vielleicht müssen die Jüngeren so kneifen wie er. Wenn die Partei schon im Eimer ist, dann müssen die Jungen so kneifen wie er, und die Älteren so wie ich. Dann ist es besser, wir machen solche Sachen wie die, zu der er mich heute gezwungen hat, Sachen ohne die Partei, private Sachen.* (S. 160)

Aus den schlichten **Analogieschlüssen**, die der Fischer hier vorbringt, geht hervor, dass er die **existenzielle Problematik** weit **weniger intellektuell** angeht als Gregor. Vom Ergebnis her gelangt er dennoch zu demselben Schluss, der in Gregors Ausdrucksweise lautet: „Eine neue Taktik ist etwas Wunderbares. Sie ändert alles." (S. 66) Auch Knudsen erkennt, dass er seine Identitätskrise nicht dadurch meistert, dass er an dem festhält, was sich als nicht mehr tragfähig erwiesen hat, sondern dass die Kunst darin besteht, **neue Zusammenhänge** aufzutun und den Dingen, die man aus freien Stücken macht, einen eigenen **Sinn zu geben**.

Widersacher und doch Verbündete: die Genossen Gregor und Knudsen. (Foto: Aufführung in Hamburg, 1999)

Die Frage nach Gregors **Ablehnung von Knudsens Angebot**, mit nach Schweden zu kommen, bleibt im Text unbeantwortet. Beruht die Zurückweisung darauf, dass Gregor den Hoffnungsschimmer, der sich für eine erfolgreiche Rettung aufgetan hat, nicht gefährden will, dann spräche das für ihn. Wenn er dagegen Knudsen den Triumph missgönnt, am Ende durch sein

Nachgeben als moralischer Sieger vom Platz zu gehen, spräche das gegen Gregor und er selbst erwiese sich letztlich als Starrkopf. Man könnte sich auch vorstellen, dass Gregor in diesem Moment die Flucht verweigert, um sich nicht an Judith zu binden und stattdessen seine emotionale Unabhängigkeit noch so lange aufrechtzuerhalten, bis er sich darüber im Klaren ist, in welchen Bahnen sein künftiges Leben verlaufen soll.

Alles in allem sind die hier thematisierten Einschübe repräsentativ für den gesamten Text: Es sind Phasen **verweigerter Kommunikation**. Aus ihnen geht hervor, dass innerhalb des Romans nicht, wie traditionell üblich, die Beziehungsarbeit des Figurenpersonals und damit das sozial Verbindende im Fokus steht, sondern genau das Gegenteil. Die Konzentration auf das Innenleben der Figuren lenkt die Aufmerksamkeit des Lesers auf die Hintergründe der **Vereinzelung des Individuums**, seiner Isolation und seines Für-sich-Seins. Die verfahrenen Situationen, in denen die Figuren sich befinden, lassen sie zu schweigenden, sich verschließenden Menschen werden, die im Roman noch nicht zu dem finden, was sonst alltäglich ist: Gregor, Knudsen, Helander oder Judith scheinen zu einer Integration in Formen sozialer Gemeinschaft wie Familie, Freundes- und Bekanntenkreis kaum fähig. Einzig der Junge durchbricht diesen Teufelskreis aus angsterfülltem Misstrauen und argwöhnischer Vorsicht, als er am Ende des Romans zu Knudsen zurückkehrt.

Wirkungsgeschichte

Alfred Andersch ist einer der bedeutendsten **zeitkritischen Erzähler** der Nachkriegsliteratur. Das belegt allem voran sein Roman *Sansibar oder der letzte Grund*, der „sofort nach seinem Erscheinen als einer der Höhepunkte der Prosa der fünfziger Jahre erkannt wurde."[14] Sucht man nach dem Grund dafür, dass Andersch mit dem Roman den **Zeitgeist** so punktgenau trifft, kann man **drei Aspekte** geltend machen: einen autobiografisch-politischen, einen philosophischen sowie einen literaturhistorischen.

In seiner Jugend begreift Alfred Andersch durch die **eigenen Erlebnisse** die Sinnlosigkeit und das Menschenverachtende jedweder Ideologien, ob von rechts oder links. Auch in der jungen BRD erlebt er Regierungen, die wieder in neue Ideologien, nämlich die des Kalten Krieges[15] verstrickt sind. **Warnungen** vor **ideologischer Vereinnahmung** sind ein stetes Thema von Anderschs Gesamtwerk. In autobiografischen Texten wie *Die Kirschen der Freiheit* oder *Der Vater eines Mörders* wie auch in *Sansibar oder der letzte Grund* spürt er anhand der eigenen Lebensgeschichte besonders den **Bedingungen individueller Selbstbehauptung gegenüber totalitären Einflüssen** nach. Vor allem sein freimütiges Bekenntnis zur Desertion wird in den 1950er-Jahren äußerst kontrovers aufgenommen. Noch empfindet die Kriegsgeneration die Frage nach ihrer eigenen schuldhaften Beteiligung und Mitverantwortung als willfährige Vollstrecker des Naziregimes als unzumutbar.

In *Sansibar oder der letzte Grund* mildert Andersch diesen heiklen Punkt daher ab, indem er, wie Helmut Heißenbüttel feststellt, das Regime nie selbst in Erscheinung treten lässt, sondern lediglich in seinen Auswirkungen auf die sich innerhalb des Romans begegnenden Figuren.[16] Auch Marcel Reich-Ranicki betont, dass in Anderschs Erfolgsroman der historische Kontext des Jahres 1937 nur als „anonyme Macht der totalen Bedrohung des Menschen“[17] fungiert. Das Geschichtliche dient, so der Literaturkritiker, als Sinnbild für das Menschliche und damit für das **Philosophisch-Ethische**: „So entschieden Anderschs Absage an die ideologischen Systeme mit ihren Programmen und Maßstäben ist, so stark ist sein Glauben an die einfache menschliche Anständigkeit, an den moralischen Instinkt des Individuums.“[18] Anderschs **Moralismus** richtet sich dabei nicht nur gegen die Verstrickung der Deutschen in ihre faschistische Vergangenheit, sondern wendet sich zugleich an ihre **erneute geistig-politische Vereinnahmung** durch die weltpolitischen Pläne der USA als der dominanten Supermacht des Westens: „auch von den Besatzern müsse man sich noch befreien“, so Andersch.[19]

Sein philosophischer Neuansatz nach 1945 besteht in der Rückbesinnung auf das geistige Potenzial und die Tugenden des Einzelnen, der die **Möglichkeiten individueller Freiheit** sowie die eines **ethisch rechten Lebens** jenseits ideologischer Enge oder kollektiver Bindungen sucht. „Andersch sieht das Zentrum der Welt […] im Willen des Einzelnen, der seine Wahl trifft.“[20] Mit diesem ethischen Ansatz, der als **Philosophie des Existenzialismus** bekannt geworden ist, sympathisieren vor allem die Studenten der 1960er-Jahre, die einerseits für ein Mehr an persönlichen Freiheiten und gesellschaftlichen Entfaltungsmöglichkeiten, andererseits aber auch für ein Mehr an solidarischer Mitverantwortung einstehen. So findet Anderschs Botschaft gegen Ende der 1950er-Jahre großen Anklang.

Der dritte Pfeiler, auf dem der Erfolg von *Sansibar oder der letzte Grund* gründet, besteht schließlich in Anderschs Entwicklung eines **zeitgemäßen Erzähltons**, vor allem durch die Modernisierung des traditionellen Erzählers und eine dem ethisch-philosophischen Anliegen des Romans angemessene Sprache.

Man darf Alfred Andersch zu Recht als eitel und eingebildet betrachten. In einem selbstverfassten Klappentext schreibt er über sich selbst: „Die deutsche Literatur besitzt in Alfred Andersch eines ihrer gesündesten und selbständigsten Talente."[21] Der **erfolgsbedürftige und erfolgsabhängige Autor**, als den ihn W. G. Sebald bezeichnet,[22] kann zeitlebens mit Kritik nicht souverän umgehen. Ein Glück für Andersch, dass seine künstlerische Leistung in der Öffentlichkeit **gewürdigt** wird, auch wenn sein literarisches Schaffen der zweiten Lebenshälfte nicht mehr die Leserschaft findet, die seinem Frühwerk beschieden ist. 1958, im Jahr nach der Veröffentlichung von *Sansibar oder der letzte Grund*, erhält Andersch den **Deutschen Kritikerpreis**. Für sein Gesamtwerk folgen weitere Auszeichnungen: 1967 der Nelly-Sachs-Preis, 1968 der Charles-Veillon-Preis sowie 1975 der Große Literaturpreis der Bayerischen Akademie der Schönen Künste.

Sansibar oder der letzte Grund stellt zweifellos Anderschs **größten schriftstellerischen Erfolg** dar, was sich auch darin niederschlägt, dass der Roman zweimal für das Fernsehen **verfilmt** wird, 1961 von Rainer Wolffhardt sowie 1987 von dem renommierten Regisseur Bernhard Wicki. Auch für die Bühne wird der Roman verschiedentlich adaptiert: 1994 wird unter der Leitung Eckehard Mayers die **Oper** *Sansibar* in Schwetzingen aufgeführt; **Theaterinszenierungen** gibt es von regionalen Schauspielgruppen in Rerik selbst oder etwa 1999 in Hamburg als Studienprojekt von Theaterregie- und Schauspielstudenten.

Regisseur Bernhard Wicki (rechts) mit Michael Gwisdek (Knudsen) und Elisabeth Wicki-Endriss (Bertha) bei den Dreharbeiten zum *Sansibar*-Film 1987.

Literaturhinweise

Verwendete Textausgabe

ANDERSCH, ALFRED: *Sansibar oder der letzte Grund.* Zürich: Diogenes Verlag 2006.

Weiterführende Literatur

ARNOLD, HEINZ LUDWIG (Hrsg.): *Alfred Andersch.* In: *Text und Kritik*, Nr. 61/62 (1979).

Wohl der erste Sammelband zu verschiedenen Aspekten von Autor und Werk.

REICH-RANICKI, MARCEL: *Alfred Andersch, ein geschlagener Revolutionär.* In: Ders.: *Deutsche Literatur in Ost und West.* München: Deutscher Taschenbuch Verlag ³2002, S. 120–137.

REICH-RANICKI, MARCEL: *Der enttäuschte Revolutionär.* In: Gert Haffmanns (Hrsg.): *Über Alfred Andersch.* Zürich: Diogenes Verlag ³1987, S. 273–78.

Reich-Ranicki hat Alfred Anderschs literarische Karriere von Beginn an kritisch begleitet. Außerdem kannten sie sich persönlich aus ihrer gemeinsamen Zeit in der *Gruppe 47*. Das verleiht den Aussagen Reich-Ranickis Authentizität und ein hohes Gewicht.

RICHTER, HANS WERNER: *Einmal durch eine belebte Gasse gehen und nicht erkannt werden – Alfred Andersch.* In: Ders.: *Im Etablissement der Schmetterlinge. Einundzwanzig Portraits aus der Gruppe 47*. München, Wien: Hanser Verlag 1986, S. 28–44.

Richter ist Anderschs Freund und als Kopf der *Gruppe 47* wie Reich-Ranicki einer der unabdingbaren Zeitzeugen.

RITTER, ALEXANDER: *Alfred Andersch: Sansibar oder der letzte Grund.* Stuttgart: Reclam Verlag 2003 (= Erläuterungen und Dokumente).

Der Band liefert eine Fülle sehr wertvoller, gut recherchierter Details zum Roman und ist vor allem in Bezug auf seine zahlreichen Wort- und Sacherklärungen unverzichtbar.

SEBALD, W. G.: *Der Schriftsteller Alfred Andersch.* In: Ders.: *Luftkrieg und Literatur. Mit einem Essay über Alfred Andersch.* Frankfurt/Main: Fischer Taschenbuch Verlag ^{5}2005.

Der Schriftsteller W.G. Sebald stöbert in den Archiven von Anderschs Vergangenheit und schlägt dabei delikate Kapitel auf, die das makellose Bild des politisch Verfolgten und inneren Emigranten, das Andersch gerne von sich gezeichnet hat, deutlich relativieren.

WEHDEKING, VOLKER: *Sansibar.* In: Ders. (Hrsg.): *Zu Alfred Andersch.* Stuttgart: Metzler Verlag 1983, S. 76–88 (= Sammlung Metzler Bd. 207).

Neben Heinz Ludwig Arnolds Bändchen der zweite wichtige Sammelband zu Dichter und Werk.

Anmerkungen

1 SEBALD, W. G.: *Der Schriftsteller Alfred Andersch.* In: Ders.: *Luftkrieg und Literatur. Mit einem Essay über Alfred Andersch.* Frankfurt/Main: Fischer Taschenbuch Verlag [5]2005, S. 133.

2 RITTER, ALEXANDER: *Alfred Andersch: Sansibar oder der letzte Grund.* Stuttgart: Reclam Verlag 2003.

3 Vgl. Anmerkung 1, dort: S. 120.

4 Ebd., S. 121.

5 Ebd., S. 133.

6 Ebd., S. 121.

7 GIOVANNINO GUARESCHIS Roman *Don Camillo und Peppone* erscheint 1948 und wird 1952 verfilmt.

8 Vgl. GEIẞLER, ROLF: *Sansibar oder der letzte Grund.* In: Ders. (Hrsg.): *Möglichkeiten des modernen deutschen Romans.* Frankfurt/Main, Berlin, München: Diesterweg [4]1970, S. 221.

9 HAMBURGER, KÄTE: *Erzählformen des modernen Romans.* In: *Der Deutschunterricht 11* (1959), S. 11.

10 Vgl. Urs Widmers Dissertation von 1966, in der er die Formulierungskunst, die „Neue Sprache" zahlreicher Nachkriegsautoren unter die Lupe genommen hat. Seine Befunde sind ernüchternd.
WIDMER, URS: *1945 oder die „Neue Sprache".* Düsseldorf: Pädagogischer Verlag Schwann 1966.

11 REICH-RANICKI, MARCEL: *Deutsche Literatur in West und Ost.* München: Deutscher Taschenbuchverlag 1993, S. 131.

12 Totalitarismus bezeichnet Formen von Alleinherrschaft, deren Einfluss sich auf alle sozialen Belange und Verhältnisse der Bürger eines Landes zu erstrecken versucht. Totalitäre Staaten beabsichtigen in der Regel, einen „neuen Menschen" im Sinne einer eigens dafür entworfenen Ideologie zu formen. Totalitäre Diktaturen fordern eine aktive Beteiligung am Staatsleben und dessen Weiterentwicklung in eine Richtung, die durch die jeweilige Ideologie angezeigt wird. Typisch sind die dauerhafte Mobilisierung der Bürgerinnen und Bürger in Massenorganisationen sowie die Ausgrenzung bzw. Vernichtung derer, die die totalen Herrschaftsansprüche des Staates tatsächlich oder möglicherweise untergraben.

13 Vgl. hierzu die *Anweisung für das Verhalten der Sozialisten im Widerstand* aus dem Jahr 1936. In: LAUTEMANN, WOLFGANG; SCHLENKE, MANFRED: *Geschichte in Quellen, Band 5: Weltkriege und Revolutionen 1914–1945*. München: Bayerischer Schulbuch-Verlag 1970, S. 345 f.

14 REICH-RANICKI, MARCEL: *Der enttäuschte Revolutionär*. In: GERT HAFFMANNS (Hrsg.): *Über Alfred Andersch*. Zürich: Diogenes Verlag ^{3}1987, S. 275.

15 Im Kalten Krieg stehen sich der Kapitalismus des demokratischen Westens und der Sozialismus des kommunistischen Ostens unversöhnlich gegenüber. Die sogenannten Supermächte, die Amerikaner im Westen und die Russen im Osten, geben die jeweiligen Eckpfeiler der Außenpolitik in ihren Einflussräumen vor. Der Konflikt wird mit allen Mitteln unterhalb der Schwelle einer offenen militärischen Auseinandersetzung geführt. Ein nach außen hin sichtbares Zeichen dafür ist in der Frühphase des Kalten Krieges vor allem das atomare Wettrüsten auf beiden Seiten.

16 HEISSENBÜTTEL, HELMUT: *Vom letzten Grund der Politik*. In: *Frankfurter Hefte 12* (1957), S. 889.

17 REICH-RANICKI, MARCEL: *Alfred Andersch, ein geschlagener Revolutionär*. In: Ders.: *Deutsche Literatur in Ost und West*. München: dtv ^{3}2002, S. 125.

18 Ebd. S. 130.

19 WEIDERMANN, VOLKER: *Lichtjahre. Eine kurze Geschichte der deutschen Literatur von 1945 bis heute*. Köln: Kiepenheuer & Witsch ^{2}2006, S. 53.

20 DEMETZ, PETER: *Alfred Andersch – Sansibar oder der letzte Grund*. In: WEHDEKING, ALFRED (Hrsg.): *Zu Alfred Andersch*. Stuttgart: Klett-Verlag 1983, S. 26.

21 Vgl. Anmerkung 1, dort: S. 113.

22 Ebd.

Ihre Meinung ist uns wichtig!

Ihre Anregungen sind uns immer willkommen. Bitte informieren Sie uns mit diesem Schein über Ihre Verbesserungsvorschläge!

Titel-Nr.	Seite	Vorschlag

Bitte hier abtrennen

Lernen • Wissen • Zukunft
STARK

Bitte hier abtrennen

Zutreffendes bitte ankreuzen! **Die Absenderin/der Absender ist:**

- ☐ Lehrer/in in den Klassenstufen: ____
- ☐ Fachbetreuer/in
  Fächer: ____
- ☐ Seminarlehrer/in
  Fächer: ____
- ☐ Regierungsfachberater/in
  Fächer: ____
- ☐ Oberstufenbetreuer/in
- ☐ Schulleiter/in
- ☐ Referendar/in, Termin 2. Staatsexamen: ____
- ☐ Leiter/in Lehrerbibliothek
- ☐ Leiter/in Schülerbibliothek
- ☐ Sekretariat
- ☐ Eltern
- ☐ Schüler/in, Klasse: ____
- ☐ Sonstiges: ____

STARK Verlag
Postfach 1852
85318 Freising

21-V1P

Bitte ausfüllen und im frankierten Umschlag an uns einsenden. Für Fensterkuverts geeignet.

Kennen Sie Ihre Kundennummer? Bitte hier eintragen.

Absender (Bitte in Druckbuchstaben!)

Name/Vorname

Straße/Nr.

PLZ/Ort/Ortsteil

Telefon privat

Geburtsjahr

E-Mail

Schule/Schulstempel (Bitte immer angeben!)

Unterrichtsfächer: (Bei Lehrkräften!)

(Bitte blättern Sie um)

Deutsch Prüfungstraining Literatur

Prüfungstraining Literatur Liebeslyrik	Best.-Nr. 1045401
Prüfungstraining Literatur – Baden-Württemberg Peter Stamm: *Agnes*	Best.-Nr. 8454001
Prüfungstraining Literatur – Niedersachsen Christian Kracht: *Faserland*	Best.-Nr. 3454001
Prüfungstraining Literatur – NRW Thomas Mann: *Buddenbrooks*	Best.-Nr. 5454001
Prüfungstraining Literatur – NRW J. W. v. Goethe: *Iphigenie auf Tauris*	Best.-Nr. 5454003

Englisch Interpretationen

Albee: *Who's afraid of Virginia Woolf?*	Best.-Nr. 2500101
Atwood: *The Handmaid's Tale*	Best.-Nr. 2500181
Auster: *Moon Palace*	Best.-Nr. 2500031
Boyle: *The Tortilla Curtain*	Best.-Nr. 2500131
Bradbury: *Fahrenheit 451*	Best.-Nr. 2500141
20th Century English Short Stories	Best.-Nr. 2500151
Fitzgerald: *The Great Gatsby*	Best.-Nr. 2500191
Golding: *Lord of the Flies*	Best.-Nr. 2500051
Hornby: *About a Boy*	Best.-Nr. 2500201
Huxley: *Brave New World*	Best.-Nr. 2500281
Ishiguro: *The Remains of the Day*	Best.-Nr. 2500171
Lee: *To Kill A Mockingbird*	Best.-Nr. 2500231
Lessing: *The Fifth Child*	Best.-Nr. 2500071
MacLaverty: *Cal*	Best.-Nr. 2500161
Priestley: *An Inspector Calls*	Best.-Nr. 2500081
Russell: *Educating Rita*	Best.-Nr. 2500061
Salinger: *The Catcher in the Rye*	Best.-Nr. 2500111
Shakespeare: *Macbeth*	Best.-Nr. 2500011
Shakespeare: *Much Ado About Nothing*	Best.-Nr. 2500241
Shakespeare: *Romeo and Juliet*	Best.-Nr. 2500041
Shaw: *Pygmalion*	Best.-Nr. 2500121
Shepard: *True West*	Best.-Nr. 2500211
Swarup: *Q & A: Slumdog Millionaire*	Best.-Nr. 2500271
Williams: *A Streetcar Named Desire*	Best.-Nr. 2500221

Englisch Training

Themenwortschatz	Best.-Nr. 82451
Grammatikübungen	Best.-Nr. 82452
Übersetzung	Best.-Nr. 82454
Grundlagen, Arbeitstechniken und Methoden mit Audio-CD	Best.-Nr. 944601
Sprechfertigkeit mit Audio-CD	Best.-Nr. 94467
Sprachmittlung	Best.-Nr. 94469
Abitur-Wissen Landeskunde Großbritannien	Best.-Nr. 94461
Abitur-Wissen Landeskunde USA	Best.-Nr. 94463
Abitur-Wissen Englische Literaturgeschichte	Best.-Nr. 94465
Klausuren Englisch Oberstufe	Best.-Nr. 905113

Kompakt-Wissen Abitur Themenwortschatz	Best.-Nr. 90462
Kompakt-Wissen Abitur Landeskunde/Literatur	Best.-Nr. 90463

Spanisch

Kompakt-Wissen Abitur Wortschatz Oberstufe	Best.-Nr. 945401

Französisch Interpretationen

Camus: *L'Etranger/Der Fremde*	Best.-Nr. 2550041
Sartre: *Huis clos/ Geschlossene Gesellschaft*	Best.-Nr. 2550051
Schmitt: *Oscar et la dame rose*	Best.-Nr. 2550071

Französisch Training

Landeskunde Frankreich	Best.-Nr. 94501
Themenwortschatz	Best.-Nr. 94503
Textarbeit Oberstufe	Best.-Nr. 94504
Sprachmittlung · Übersetzung	Best.-Nr. 94512
Abitur-Wissen Französische Literaturgeschichte	Best.-Nr. 94506
Klausuren Französisch Oberstufe mit MP3-CD	Best.-Nr. 105011
Kompakt-Wissen Abitur Themenwortschatz	Best.-Nr. 945010
Kompakt-Wissen Abitur Kurzgrammatik	Best.-Nr. 945011

Latein Training

Abitur-Wissen Lateinische Literaturgeschichte	Best.-Nr. 94602
Abitur-Wissen Römische Philosophie	Best.-Nr. 94604
Abitur-Wissen Prüfungswissen Latinum	Best.-Nr. 94608
Klausuren Latein Oberstufe	Best.-Nr. 106011
Kompakt-Wissen Kurzgrammatik	Best.-Nr. 906011

Bestellungen bitte direkt an:

STARK Verlagsgesellschaft mbH & Co. KG · Postfach 1852 · 85318 Freising
Tel. 0180 3 179000* · Fax 0180 3 179001* · www.stark-verlag.de · info@stark-verlag.de

*9 Cent pro Min. aus dem deutschen Festnetz, Mobilfunk bis 42 Cent pro Min.
Aus dem Mobilfunknetz wählen Sie die Festnetznummer: 08167 9573-0

Lernen • Wissen • Zukun
STARK

21-V1P